KLAUS TUCHELT

BRANCHIDAI – DIDYMA

Zaberns Bildbände zur Archäologie

Band 3

VERLAG PHILIPP VON ZABERN · MAINZ AM RHEIN

KLAUS TUCHELT

Branchidai - Didyma

GESCHICHTE UND AUSGRABUNG
EINES ANTIKEN HEILIGTUMS

VERLAG PHILIPP VON ZABERN · MAINZ AM RHEIN

64 Seiten mit 119 Farb- und Schwarzweißabbildungen, Karten und Plänen

Umschlag: Didyma: Blick in den Kulthof des Apollonheiligtums von Südosten (Foto: W. Schiele)

Rückseite: Heilige Straße, von Nordwesten; Aufnahme aus dem Jahr 1979 (Foto: W. Schiele)

Die Deutsche Bibliothek – CIP-Einheitsaufnahme

Branchidai – Didyma : Geschichte und Ausgrabung eines antiken
Heiligtums / Klaus Tuchelt. – Mainz am Rhein : von Zabern, 1992
(Zaberns Bildbände zur Archäologie ; Bd. 3)
ISBN 3-8053-1316-0
NE: Tuchelt, Klaus; GT

ISBN 3-8053-1316-0
Satz: Typo-Service Mainz
Lithos: SWS Repro GmbH, Wiesbaden

Printed in Germany by Philipp von Zabern
Printed on fade resistant and archival quality paper (PH 7 neutral)

Inhalt

Klaus Tuchelt

Branchidai-Didyma

Geschichte, Ausgrabung und Wiederentdeckung cines antiken Heiligtums – 1765 bis 1990

Wenn über Didyma gesprochen wird, so ist damit im allgemeinen der Apollontempel mit seiner Orakelstätte gemeint. Seine Größe und Erhaltung haben in der zweihundertjährigen Forschungsgeschichte das Bild des Heiligtums bestimmt. Dabei war die Zielsetzung so verschieden wie die Fragen, die die Wissenschaft vom Altertum in den beiden letzten Jahrhunderten beschäftigt haben (Abb. 1).

Es ist hier nicht beabsichtigt, einen Katalog von Funden vorzustellen oder den Ablauf der Geschichte des Heiligtums nachzuzeichnen. Versucht wird, einige wesentliche Ergebnisse der Arbeiten in Didyma während der letzten drei Jahrzehnte in gedrängter Form darzustellen. In diesem Rahmen und beim ungleichen Stand unseres Wissens über Heiligtümer in Ionien lassen sich die Grenzen zwischen Forschungsbericht und Synthese nicht klar ziehen. Ich beschränke mich darauf, Geschichte, Ausgrabung und Wiederentdeckung von Branchidai-Didyma anhand einiger Beispiele zu skizzieren und setze dabei den Akzent auf die Frühzeit des Heiligtums.

I. Forschungsgeschichte

Die über zweihundertjährige Forschungsgeschichte von Didyma ist durch jahrzehntelange Unterbrechungen und den Wettlauf mit der bis heute andauernden Überbauung des antiken Heiligtums gekennzeichnet. Gleichwohl lassen sich vier Etappen markieren: 1765 bis 1858 erfolgte die Aufnahme des sichtbaren Bestandes, 1873 und 1895/96 setzten die Ausgrabungen des Apollontempels ein, deren Ziel erst in den Jahren 1906 bis 1913 erreicht wurde, und erst seit 1969 verlagerte sich die Ausgrabungstätigkeit außerhalb des Tempelgebiets.

Eine Inkunabel der antiken Bauforschung

In der ersten Etappe galt der Tempel von Didyma als zeitloses Bauwerk. Er erhielt bei der Wiederentdeckung der griechischen Baukunst im 18. Jahrhundert normativen Rang für die Architekturgeschichte und gehört zu den Inkunabeln der antiken Bauforschung (Abb. 2).

Die erste Etappe wurde im Jahre 1765 durch die «*Society of Dilettanti*» mit der Veröffentlichung der «*Ionian Antiquities*», London 1769, eingeleitet und mit Unterbrechungen bis zur Mitte des 19. Jahrhunderts fortgesetzt. Die Expedition der *Dilettanti* hatte die Aufgabe, die ionische Baukunst in ihrem – wie es heißt – «Ursprungslande» zu studieren und die Ergebnisse für die zeitgenössische Baukunst nutzbar zu machen. Begonnen hatten mit dem Studium der Altertümer von Athen James Stuart und Nicholas Revett

Abb. 1 Didyma, Ansicht von SW, 1973.

Abb. 2 Apollontempel von NO. Ansicht von William Pars, 1765.

Abb. 3 Apollontempel, Aufnahmen der ionischen Bauordnung von Nicholas Revett, 1765. Oben Maßrisse, unten Ansichten von Baugliedern.

Abb. 4 Didyma, Ansicht von NW. C. R. Cockerell, 1812.

Abb. 5, 1–2 Heilige Straße. 1. Ansicht mit Blick auf den Apollon-Tempel, rechts Freilegung von Sitzstatuen aus dem 6. Jh. v. Chr. B. Spackman 1857. – 2. Sitzstatue des Chares bei ihrer Freilegung. Charles T. Newton 1857.

(1751/53). Das Motiv bestand in der Erkenntnis, daß *«selbst die besten Beschreibungen . . . nicht eine zutreffende Vorstellung von der Pracht der Gebäude . . . geben (können), als die von der Hand eines Künstlers mit Fleiß und Treue entworfene Zeichnung»*, wie der Maler James Stuart schrieb. Die Veröffentlichung der 1769 erschienenen *«Ionian Antiquities»* machte erstmals mit Tempelbauten in Ionien bekannt. Beteiligt war wiederum Revett; von ihm stammen auch die ersten Aufnahmen von Baugliedern des Tempels (Abb. 3).

In die Zeit der ersten Etappe fiel seit dem Ende des 18. Jahrhunderts die Wiederbesiedlung des jahrhundertelang verödeten Ortes. Damit einher ging die fortschreitende Ausraubung der Ruinenstätte; sie diente als Steinbruch (Abb. 4). Die Zielsetzung, nämlich die Aufnahme des sichtbaren Bestandes, wurde dadurch wesentlich mitbestimmt. Am Ende dieser ersten Etappe erschien im Jahre 1863 von Charles T. Newton, *«A History of Discoveries at Halicarnassus, Cnidus and Branchidae»* in London. Newton hatte im Jahre 1857 außerhalb des überbauten Trümmerbergs, unter dem der Tempel lag, einen Abschnitt der Heiligen Straße untersucht, deren sichtbare Reste Sitzstatuen und Löwenskulpturen waren (Abb. 5, 1). Die Sitzstatuen, nach dem Priestergeschlecht von Didyma *«Branchiden»* benannt, haben jahrzehntelang das Bild frühgriechischer Plastik in Ionien bestimmt; sie haben darüber hinaus die Frage nach der Frühzeit des Heiligtums bis in unsere Tage wachgehalten (Abb. 5, 2).

Die Anfänge der Ausgrabungen

In der zweiten Etappe setzen 1873 und 1895/96 die Ausgrabungen ein mit dem Ziel, den Apollontempel freizulegen (Abb. 6 bis 8). Angesichts dieser Aufgabe, der Ausgrabung eines unter haushohen Trümmern begrabenen Riesentempels, ist daran zu erinnern, daß um 1870 von den drei großen ionischen Tempeln, dem der samischen Hera, dem der ephesischen Artemis und dem des didymeischen Apollon, nur letzterer näher bekannt war. In Ephesos hatte gerade John Turtle Wood das Artemision nach langem, sechsjährigem Suchen gefunden (1869), und auf Samos begannen Ausgrabungen im Heraion erst zögernd 1879.

Über die Ausgrabungen in Didyma haben O. Rayet und A. Thomas in ihrem Werk *Milet et le Golfe Latmique,* Paris 1877, berichtet, später E. Pontremoli und B. Haussoullier, *Didymes,* Paris 1904. Der Versuch dieser Unternehmungen, den Tempel freizulegen, scheiterte. Allerdings waren bereits wesentliche Teile der Anlage erkannt. Eine Gegenüberstellung zweier Ansichten von der Ostfront (Abb. 7 und 8) und der Grundrißrekonstruktionen veranschaulichen die Ergebnisse englischer und französischer Forscher bis zum Ende des 19. Jahrhunderts (Abb. 10, 1–4). Gleicherweise ersieht man daraus, wie abhängig die Rekonstruktionen vom Grundriß sonst bekannter Tempelbauten waren.

Abb. 6 und 7 Apollontempel, Ostfront. O. Rayet und A. Thomas, 1873.

Abb. 8 Apollontempel, Ostfront. E. Pontremoli und B. Haussoullier, 1896.

Abb. 9 Apollontempel, um 1900.

Die Freilegung eines antiken Großbaues

Wenige Jahre später unternahm es Th. Wiegand im Auftrage der Königlich Preußischen Museen zu Berlin, die aufgegebene Tempelgrabung fortzuführen. Das Gelände war in etwa sechzig überbaute Grundstücke, darunter eines mit einer Windmühle, parzelliert (Abb. 9). Zusammen mit dem Architekten H. Knackfuß gelang es in der dritten Etappe, 1906 bis 1913, den Apollontempel freizulegen (Abb. 12). Es war eine Leistung, die wegweisend für die Ausgrabung und Konservierung einer Ruine wurde und die Wiedergewinnung eines der am besten erhaltenen Großbauten des Altertums erbrachte. Die Publikation, *Didyma. Erster Teil. Die Baubeschreibung in drei Bänden,* von Hubert Knackfuß, erschien erst 1941, noch später, 1958, der Band mit den Inschriften von Albert Rehm. Wie sich inzwischen herausgestellt hat, zehrt die Forschung noch heute von diesen Veröffentlichungen und der nur zum Teil aufgearbeiteten Hinterlassenschaft dieser Grabungen.

In der zweiten und dritten Etappe hatte man die Frage nach der Funktion des Tempels als Orakelheiligtum und nach seiner Baugeschichte gestellt. Damit wurde der erste Schritt zum Verständnis historischer Vorgänge getan, jedoch behauptete der Apollontempel weiterhin seinen Platz in der Forschung als Einzelmonument: Er wurde in der Baugeschichte als Solitär behandelt. Denn die Frage nach seiner Umgebung stellte sich nicht.

Der Tempel und das unentdeckte Heiligtum

Nach jahrzehntelanger Unterbrechung wurden die Arbeiten in Didyma 1962 vom Deutschen Archäologischen Institut unter Leitung von R. Naumann wiederaufgenommen. Es ist die vierte, bisher längste Etappe in der Grabungsgeschichte von Didyma, die sich kontinuierlich über bald drei Jahrzehnte erstreckt. Allerdings wurden Ausgrabungen außerhalb des Apollonheiligtums erst seit 1969 und in größerem Umfang seit 1975 unternommen mit dem Ziel, die Umgebung zu erforschen. Nach langjähriger Beschäftigung mit den Inschriftfunden aus Didyma war Albert Rehm bereits im Jahre 1947 zu der Feststellung gelangt, daß *«die gesamte Anlage* (des Heiligtums) *durch die Ausgrabung keineswegs geklärt worden»* sei. Dazu boten die Inschriften eine Quelle, die für die Topographie kaum beachtet und für die Archäologie von Didyma nicht ausgeschöpft war. Man erfährt daraus über Heiligtümer und Kulte, öffentliche Bauten und Anlagen, über eine Siedlung und ihre Bewohner. Untersuchungen dieser inschriftlichen Zeugnisse im Vergleich mit dem archäologischen Befund dienten vor Beginn der neuen Ausgrabungen als «*Vorarbeiten zu einer Topographie von Didyma*» (1973). Daraus ergab sich der Ansatz für neue Fragestellungen, ebenso aber die Einsicht, daß Didyma ein unentdecktes Heiligtum ist. Mit den neuen Ausgrabungen bot sich die Basis für weitere Forschungen: Die Bearbeitung alter und neuer Bestände, der Baubefunde, die Untersuchungen zum Verlauf und zur Geschichte der Heiligen Straße. Einen entscheidenden Anstoß zur Frage nach der Frühzeit des Apollonheiligtums gaben die Ergebnisse der Grabung 1962 im Adyton des Tempels von H. Drerup und F. Hiller. Die Erforschung der Baugeschichte des hellenistischen Tempels – und darüber hinaus – hat durch die Entdeckung von L. Haselberger, der im Jahr 1979 auf den Wänden angebrachte Ritzliniensysteme als Werkzeichnungen erkannte, neue Impulse empfangen. Schließlich wurden erstmals in Didyma Untersuchungen der aus systematischen Grabungen stammenden Funde durchgeführt. Denn so merkwürdig es erscheinen mag, außer Baugliedern, Inschriften und einigen Skulpturen waren aus Didyma keine Funde bekannt – bis auf wenige in den Tagebuchnotizen erwähnte. Gänzlich fehlte der Komplex der Fundkeramik, Grundlage und Indikator der Bodenforschung. Dieses Defizit kennzeichnet

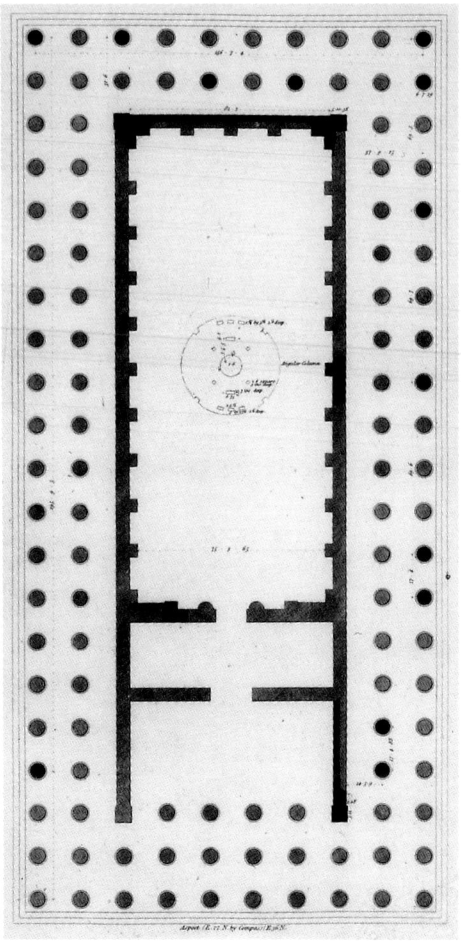

1

2

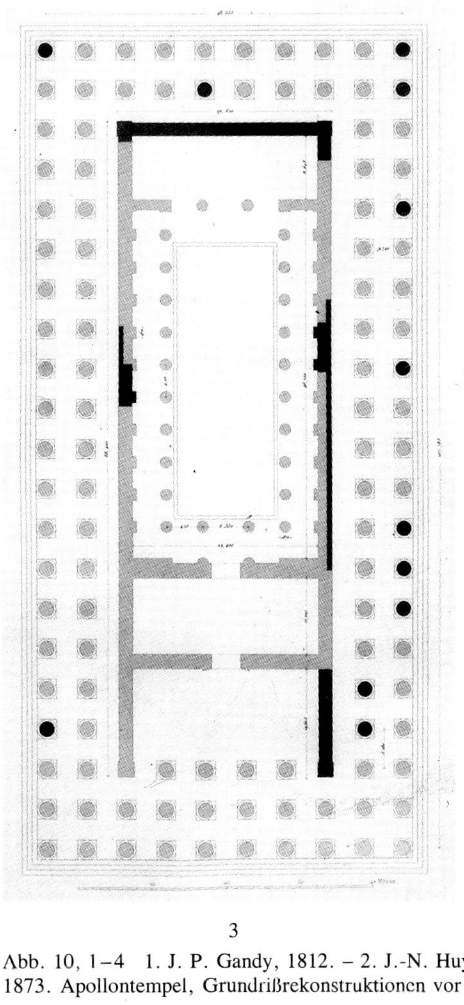

3

4

Abb. 10, 1–4 1. J. P. Gandy, 1812. – 2. J.-N. Huyot, 1820. – 3. Ch. Texier, 1838. – 4. A. Thomas, 1873. Apollontempel, Grundrißrekonstruktionen vor der 1906 bis 1913 erfolgten Freilegung.

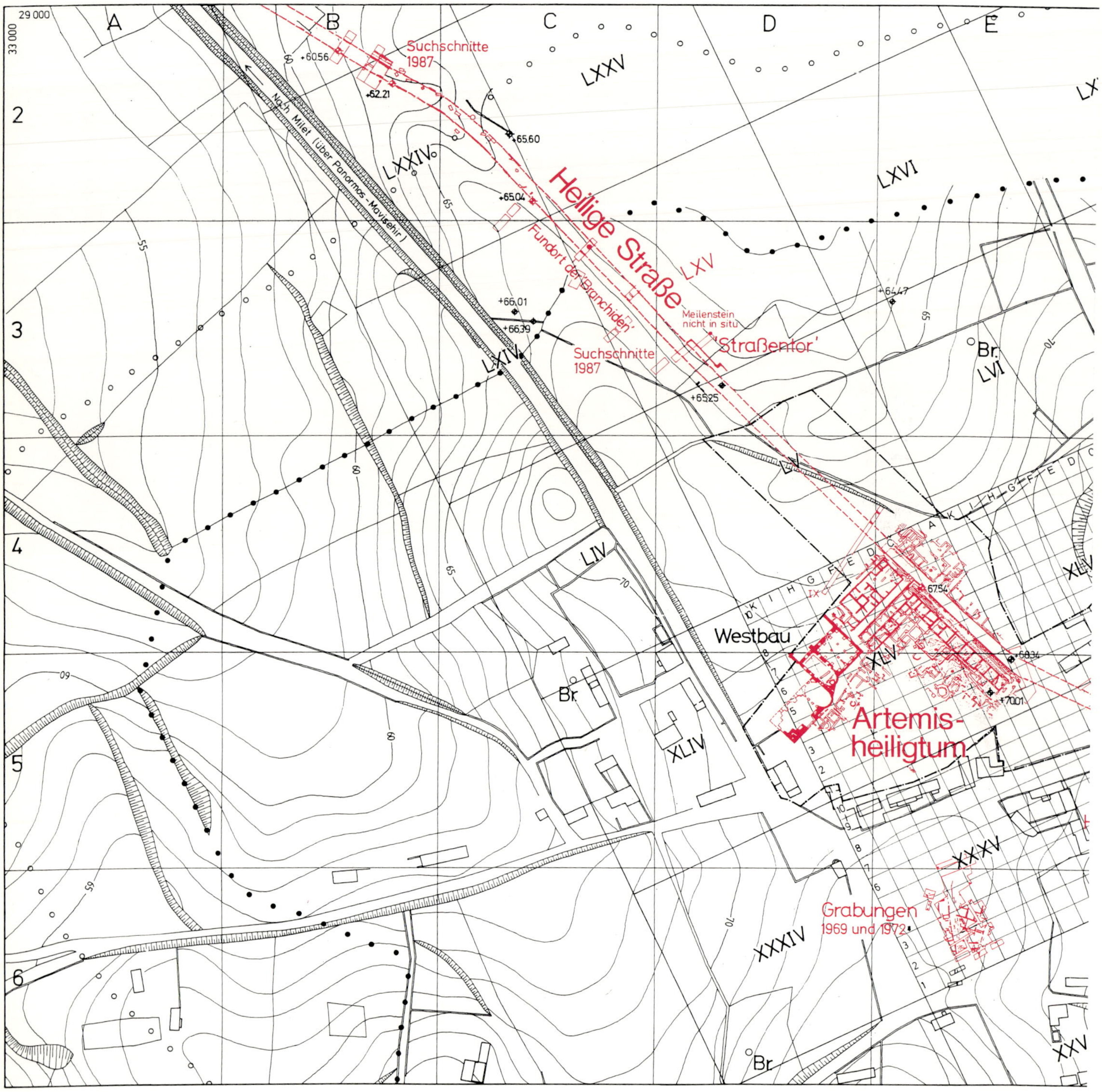

Abb. 11 Didyma, Topographische Übersicht. Stand 1987.

die Zielsetzung der älteren Forschung, die der Architektur des Riesentempels gegolten hatte.

Aus diesem Überblick wird zweierlei ersichtlich: einmal die jahrzehntelangen Bemühungen um die Erforschung des Haupttempels von Didyma, eines Bauwerks hellenistisch-römischer Zeit unter Zurückstellung aller nicht zur Baugeschichte des Tempels gehörenden Fragen. Von dem erklärten Ziel seit der Zeit der *Dilettanti,* in Didyma den von Herodot (VI 19) überlieferten archaischen Tempel zu finden, hatte sich die Forschung nach vergeblicher Suche enttäuscht abgewandt. Erreicht wurde es sozusagen beim Ausräumen gegen Ende der dritten Etappe: Nach Abtragung der im Adyton eingebauten byzantinischen Kirche stieß man i. J. 1924 auf die Fundamente des älteren Tempels. Doch blieb das Ergebnis über Jahrzehnte ohne Resonanz. Dies hatte als weitere Folge, daß unter dem Gewicht der hellenistisch-römischen Überlieferung die Frühzeit des Heiligtums zu kurz kam und dafür Verhältnisse postuliert wurden, die erst aus hellenistischer Zeit bekannt sind. Zum anderen ersieht man aus dem Überblick, daß sich erst seit den letzten 20 Jahren die Erkenntnis durchzusetzen begann, daß der Apollontempel in der Forschungsgeschichte von seiner Umgebung isoliert worden ist, ein Rumpf ohne Glieder und Teil eines größeren Organismus war, zu dem ein Umfeld gehörte (Abb. 11).

Das Umfeld besteht aber nicht nur aus dem Zuwachs neuer topographischer Erkenntnisse und weiterer Anlagen, es besteht ebenso aus Vorgängen, die Geschichte und Kult dieses Heiligtums bestimmt haben.

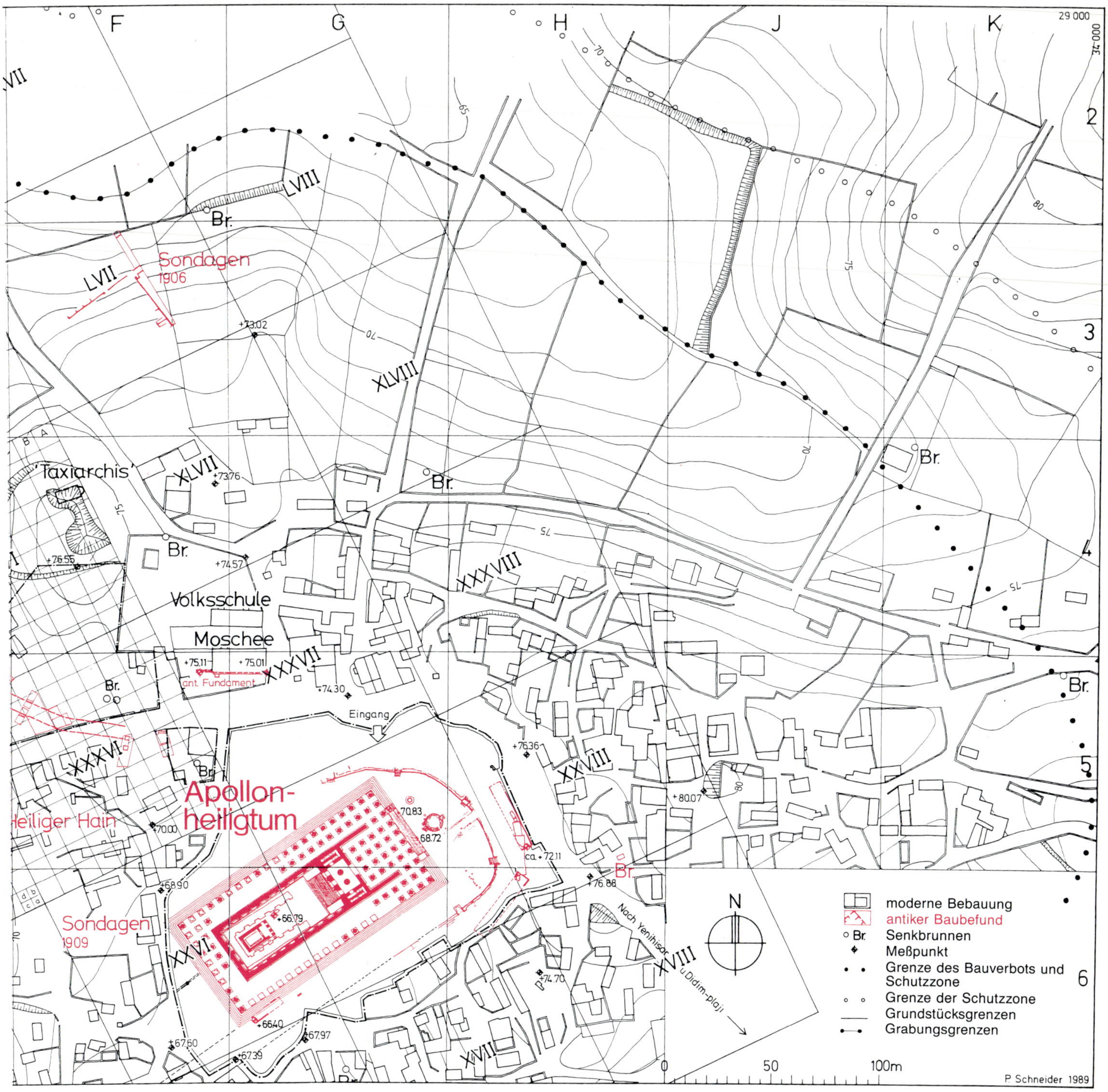

II. Ausgrabung und Wiederentdeckung

1. Die örtliche Situation

Vorauszuschicken ist, daß Branchidai-Didyma ein regionales Heiligtum war, gelegen auf einem Plateau am Golf von Iasos und seiner Küstenebene (Abb. 13). Didyma lag an einer Nahtstelle der altkleinasiatischen Landschaft Karien und dem von Ioniern besiedelten Küstengebiet. Die Verbindungswege von Süden und Osten, wo ausgedehnte Ruinenfelder liegen, sind so gut wie unbekannt. Das Hinterland im Norden besteht aus einem Höhenzug, den ein schmaler Küstenstreifen vom Latmischen Golf trennte, der heutigen Mäanderebene, mit der Hafenstadt Milet. Die natürliche Verbindung zwischen Milet und Didyma war der Seeweg über die Anlegestelle von Panormos. Eine Landverbindung wurde abseits der Küste als 6 m *«Breite Straße»* von Milet nach Didyma gebaut und ist als solche inschriftlich überliefert. Dieser Straßenbau war für Prozessionen bestimmt und wird seit dem 2. Jh. v. Chr. in Inschriften *«Heilige Straße»* genannt. Durch den Bau dieser Überlandstraße erweiterte Milet seine Beziehungen zu Branchidai-Didyma und erreichte damit, das Hauptheiligtum der Polis, das Delphinion, als Ausgangspunkt einer jährlichen Prozession mit dem karischen Heiligtum der Branchiden zu verbinden.

Kultmal und Gründungslegende

Siedlungsgeographische Gründe, die zur Entstehung des Heiligtums geführt haben könnten, sind nicht bekannt. Ursprung und Existenz verdanken diese außerstädtischen Heiligtümer einem Ereignis oder einem Mal, das einen Kult begründete. Ein solches Mal besaß Didyma mit

Abb. 12 Apollontempel, Grabungsgebiet 1906 bis 1913.

Süßwasserquellen auf einem sonst wasserarmen Kalkplateau.

Die Kultlegende berichtet, daß Leto ihren Sohn Apollon von Zeus am Ort der Orakelstätte empfangen habe. Die Orakelstätte war der Ort des Kultmals, eine Quelle. Nach dem Mythos erschien Apollon einem einheimischen Hirten namens Branchos und verlieh ihm die Sehergabe. Auf ihn führte sich die karische Priesterfamilie der Branchiden zurück, die bis in die Zeit der Perserkriege Namengeber und Vorsteher des Heiligtums waren. Anderes weist neuerdings darauf hin, daß Branchidai-Didyma in vorhellenistischer Zeit noch nicht zur Polis von Milet gehörte, sondern regionales Heiligtum war.

Die zu einer Gründungslegende verbundenen einzelnen Teile sind erst seit hellenistischer Zeit und somit viel später als die darin enthaltenen ‹Ereignisse› überliefert; methodisch gilt es als problematisch, spätere Erzählungen über frühere Zeiten interpretatorisch zu verwenden. Immerhin gibt die Gründungslegende Überlieferungen wieder, die drei Elemente enthalten: 1) die Verbindung einer *Quelle mit einer weiblichen Gottheit*, wie sie von vielen Orten Kleinasiens bekannt ist; 2) den Namen der Göttin, Leto, einer Titanentochter, was auf eine Verehrung einer weiblichen Gottheit *in vorgriechischer Zeit* hinweist, und 3) Apollon, der den Ort in Besitz nahm, ein *Orakel* begründete und dafür die Sehergabe einem einheimischen Karer verlieh. In vorgriechische Zeit weisen auch andere Nachrichten über das Gründungsalter des Heiligtums (Herodot I 157); es sei älter als die Landnahme durch die Ionier, schreibt Pausanias (VII 2. 6); danach wäre ein Zeitansatz im 2. Jahrtausend v. Chr. zu veranschlagen.

Es handelt sich hier um mehrere Überlieferungsstränge. Die Überlieferung, die sich auf das Gründungsalter von Didyma im 2. Jahrtausend v. Chr. und auf vorgriechische Zeit bezieht, ist archäologisch bisher nicht nachweisbar, wohl aber die anderen, die uns beschäftigen werden.

Abb. 13 Lage ionischer Städte und Heiligtümer mit der Halbinsel von Milet und Didyma im Altertum.

Abb. 14 Apollontempel, Ostfront.

Abb. 15, 1–2 Apollontempel. 1. Östliche Ringhalle von SO. – 2. Vermessung der 19,70 m hohen Nordsäulen im September 1985 durch L. Haselberger.

Abb. 16 Apollontempel, Nordseite von NO. Vertikale Ritzmarken am Mauerfuß (Pfeil) als Rastermarken des Grundrißplans, mit denen beim Bauen der Standort der Säulen festgelegt werden konnte. An den Profilen des Mauerfußes erkennt man die leichte Wölbung (Kurvatur) des Baues. (L. H.)

2. Das Apollonheiligtum

Die Anlage befindet sich heute in der Ortsmitte (Abb. 12.14 bis 16). Das ausgedehnte Grabungsareal ist von einer Mauer umgeben; sie folgt den Grenzen der vor der Tempelgrabung aufgekauften Grundstücke und besagt nichts über den antiken Grenzverlauf des Apollonbezirks. Der Tempel ist als hellenistischer Riesenbau bekannt (Abb. 17). Er ist der jüngste von drei Bauten, der an dieser Stelle den Platz von zwei Vorgängern einnahm, einem aus der Zeit um 700 v. Chr. und einem Neubau aus dem 6. Jahrhundert v. Chr., auf die zurückzukommen sein wird.

Der Apollontempel und sein Hof

Die Eigenart dieses Baues, verglichen mit griechischen Tempeln, und seine Lage in einer Bodensenke wird einem erst dann bewußt, wenn man ihn betritt: außen in der Gestalt eines Ringhallentempels, im Innern ein Hofraum, der als Kernbau von einer Ringhalle eingeschlossen wird. Die doppelte Ringhalle erhebt sich auf einem siebenstufigen Unterbau. Der Eingang im Osten führt über eine Freitreppe.

Nach Durchschreiten der Ringhalle betritt man den *Prodomos,* zunächst einen Raum mit 3 x 4 Säulen, den Zwölfsäulensaal (Abb. 18). Anstelle der beim griechischen Tempelbau bekannten Cellatür befindet sich ein über 14 m hohes, unverschließbares Portal mit einer unüberschreitbaren monolithen Schwelle von knapp 1,5 m Höhe und Torgewänden von 70 Tonnen Gewicht (Abb. 19). Ins Innere gelangt man seitlich des Portals durch zwei Tunnelgewölbe, die in den tiefgelegenen Hof hinabführen (Abb. 20).

Der Hof ist durch Sockelwände geschlossen, über denen sich durch Pilaster gegliederte Hochwände erheben. In den Inschriften wird der Hof als *adyton* bezeichnet, was die Unnahbarkeit des Ortes anzeigt; sie findet räumlichen Ausdruck in der Distanz zum Hof und in der im Unterbau des Tempels versteckten Lage des Zugangs: Der Hof ist nur über den Abstieg durch einen der beiden Tunnelgänge zu erreichen. Das Hinabsteigen, die *katabasis,* öffnete den Weg zur Orakelstätte. Im Westen des Hofes und dort an der tiefstgelegenen Stelle des Heiligtums befinden sich Fundamente eines Baues (Abb. 21). Dieser Bau galt lange Zeit als Schrein für ein Kultbild. Seine Bezeichnung *«Naiskos»* evoziert bestimmte Vorstellungen und stammt von den Ausgräbern. Gegenüber auf der Ostseite und in Umkehr der Richtung zur Orakelstätte führt zwischen den beiden Tunnelgängen eine Freitreppe zu einer Dreitürenwand hinauf (Abb. 22), die sich auf einen Saal mit zwei gegenüberliegenden Treppenhäusern und dem Großen Portal öffnet.

So unbestritten es ist, daß die Baukonzeption die kultischen Vorgaben zu berücksichtigen hatte, so wenig wissen wir über diese Vorgänge selbst. Die Freitreppe, in den Bauinschriften *anabasis,* der Aufstieg im Adyton, genannt, und die mit zwei korinthischen Halbsäulen ausgezeichnete Dreitürenwand bilden innerhalb des Hofes eine Außen- und Fassadenarchitektur, die auf die Vorgänge im Hof bezogen ist. Eine Interaktion zwischen den Vorgängen im Hof und dem Prodomos mit seinen beiden Sälen, den Treppenhäusern und dem Großen Portal ist nicht ohne weiteres nachzuvollziehen.

Die beiden Treppenhäuser mit ihren Kehrtreppen und einer rot und blau abgesetzten Mäanderdecke (Abb. 23, 1–2) werden *labyrinthoi* genannt; sie erscheinen mit der versteckten, von außen nicht einzusehenden Lage ihres Zugangs als Pendants zu den Tunnelgängen, jedoch in umgekehrter Richtung. Zur Bestimmung der Treppenhäuser gilt bisher als Mutmaßung, daß sie als Zugänge zur Dachterrasse *«den Zwecken der Baupflege und Tempelbewachung»* dienten; eine wenig befriedigende Erklärung, wenn man damit die Monumentalität der Anlage, den prachtvollen Deckenschmuck und den sich öffnenden Raum der Dachterrasse vergleicht. Die äußeren Schwellenhöhen der drei Türen und der Treppenhäuser liegen bei einem halben Meter, bieten also ohne Antrittsstufe keinen Durchgang herkömmlichen Zuschnitts. Allein diese Eigentümlichkeiten geben zu denken, daß alle Versuche, die Baukonzeption zu erklären, vom Vorgang der Orakelkonsultation und dessen Verkündigung ausgehen, deren Verlauf übrigens nicht hinreichend bekannt ist.

Die Weite des Hofes, das Kultmal der Quelle und die Altäre setzen im Hof Handlungen voraus, die kaum ausschließlich der Orakelbefragung gegolten haben, sondern auch den Kulten der im Tempel verehrten Gottheiten Apollon, Leto und Zeus.

Im Unterschied zur Weiträumigkeit des Hofes mit seinen Auf- und Zugängen zum Prodomos, die keinen Weg zum Verlassen des Adytons boten außer den Rückweg durch einen Tunnelgang, war der Zwölfsäulensaal wenig überschaubar; mit dem nur begrenzten Ausblick auf das Große Portal war er für eine größere Menge mehr zum Hören als zum Schauen bestellt. Das Kultgeschehen war offenbar zu wesentlichen Teilen auf den Innenbereich des Tempels beschränkt, was sich nicht allein aus der Konzeption des Baues und der Beengtheit seiner Lage folgern läßt, sondern auch aus der Bestimmung des als Temenos begrenzten Hofraumes.

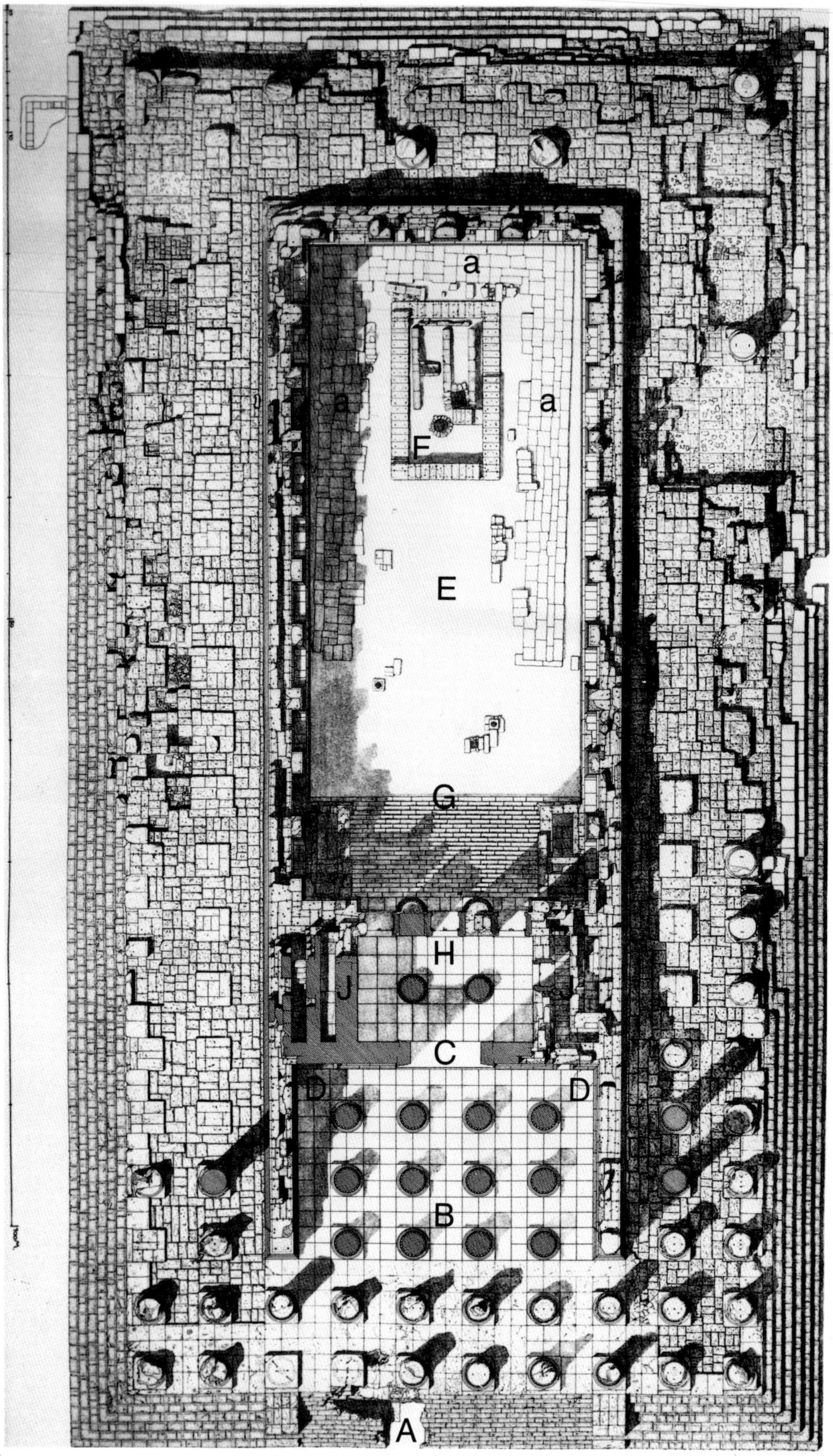

Abb. 17 Steinplan des zwischen 1906 und 1913 freigelegten Apollontempels. 4. Jh. v. Chr. bis 3. Jh. n. Chr. A: Fronttreppe – B: Zwölfsäulensaal – C: Großes Portal – D: Tunnelgänge – E: Kulthof *(Adyton)* – F: Quellhaus (sog. Naiskos) – G: Freitreppe – H: Zweisäulensaal – J: Treppenhäuser – a: Fundament des älteren Kulthofs, 6. Jh. v. Chr.

Die verlorene Wirklichkeit

Schwer nachvollziehbar sind schließlich heute die Lichtverhältnisse, die Abstufung der bis zum Dämmerlicht reichenden Schattenzonen in der Ringhalle und den beiden Sälen mit ihren 20 m Deckenhöhen, getrennt von der im offenen Schacht des Hofes gesammelten Lichtfülle durch die nur künstlich erhellte Dunkelheit in den Tunnelgängen; von der Gesamthöhe der Hofwände mit mehr als 25 m ist nur knapp ein Drittel erhalten.

Die Ausstattung, von der Teile nur noch als Bruchstücke oder als Schatten des einstigen Bestandes in den Inventaren der Schatzurkunden erhalten sind, ist zugrunde gegangen. Die Ausstattung war keine Zutat zur Architektur, sie war die andere Wirklichkeit des Tempels. Allein die im Tempel aufbewahrten, auch gestapelten Gegenstände aus Metall, Holz, Stein, Ton, Textilien waren das Spiegelbild des Kultbetriebs. Damit zugrunde gegangen ist auch das Erscheinungsbild,

Abb. 18 Der *Prodomos* des Apollontempels: Zwölfsäulensaal und Großes Portal, oben Zweisäulensaal.

Abb. 19 Großes Portal im Zwölfsäulensaal.

das innerhalb des Tempels die Fülle und Mannigfaltigkeit der Weihgaben und Geräte bot, wie es noch außerhalb in Resten und anscheinend regelloser Aufstellung anzutreffen ist. Der Wert, den Weihungen für die Tempelbehörde hatten, bemaß sich nach Material und Menge, darunter Gewicht und Größe, nach Kunstfertigkeit, Rarität und Stifter – Faktoren, die vermutlich auch bei der Bestimmung des Aufstellungsorts eine Rolle gespielt haben werden. Der Versuch wäre unsinnig, dies in einer Rekonstruktion anschaulich machen zu wollen. Es bleibt einem aber nicht die Frage erspart, wie die Architektur in den Tempelrekonstruktionen anschaulich gemacht wird. Man stellt fest, daß die verbreiteten Tempelrekonstruktionen einen Zustand nie erreichter Wirklichkeit rezipieren. Dieser Mangel ist nicht eigentlich auf den lückenhaften Bestand zurückzuführen. Das Dilemma besteht darin, daß der erhaltene Bestand in der Rekonstruktion als purifizierter Befund vergegenständlicht und dadurch nicht selten der Eindruck *«sang- und klangloser Öde»* erweckt wird. Was in der Rekonstruktion anschaulich gemacht wird, ist eine Hypostase unseres Kenntnisstandes und daraus abgeleiteter Darstellungen (vgl. z. B. Abb. 28 und 29). Unter dem Eindruck der Tempelrekonstruktionen, aber auch angesichts der Ruinenstätte ist es somit nicht leicht, sich bestimmte Erscheinungsformen vorzustellen, die der Tempel während einer 600jährigen Bauzeit annahm, die zu keiner Vollendung geführt hat (Abb. 24). Dies beschäftigte schon die Zeitgenossen. Bereits Jahrhunderte vor Einstellung der Bauarbeiten urteilte Strabon (XIV 1, 5), der Tempel sei *wegen seiner Größe ohne Dach geblieben.* Dies traf wörtlich zu; denn die Dachzone des Prodomos und der nie vollendeten Ringhallen fehlte. Die Erscheinungsform des Tempels bestand in jener Zeit und über Jahrhunderte in einem gewaltigen, über 20 m hohen Kubus strahlend hellen Marmors, dem Kernbau. Der Kontrast zwischen einer solchen ‹Bauruine› und dem übrigen Heiligtum konnte seinen Eindruck auf Besucher nicht verfehlen, um so weniger als damit ein endgültiger Zustand erreicht zu sein schien.

Das Bauunternehmen – Entwurf und Ausführung

Zu den Erscheinungsformen des Unfertigen und ihren proteischen Verwandlungen auf dem langen Weg vom Entwurf bis zur Ausführung gehören die erst vor einem Jahrzehnt entdeckten Werkzeichnungen. Daß sie erhalten blieben, ist der letzten fehlenden Glättung der Wände zu verdanken. Diese heute im Stein kaum zu erkennenden Spuren bringen uns den zeitlichen Erscheinungsformen um vieles näher als alle Rekonstruktionen. Rund 200 m^2 Planrisse sind im Maßstab 1 : 1 in die vorgeglätteten Wandflächen eingeritzt (Abb. 25 und 26), die als riesenhafte *‹Zeichentafeln›* dienten, die frühesten aus der Mitte des 3. Jahrhunderts v. Chr., die spätesten aus der römischen Kaiserzeit. Die Wandflächen waren im Bereich der Zeichnungen mit Rötel eingefärbt. Der Rötel wurde vor dem Anzeichnen aufgetragen, so daß die eingeritzten Linien auf dunkelrotem Grund weiß hervortraten und sich eine gestochen scharfe, gut überschaubare Darstellung ergab. Die Zeichnungen wurden mit Metallstichel, Lineal und Zirkel geritzt. Bis zu 20 m lange Geraden wurden gezogen, Kreisbögen geschlagen, Parallelen, Polygonzüge und Winkel konstruiert mit einer Zeichengenauigkeit, die Bruchteile von Millimetern erreicht. Es sind die Arbeitspläne für die einzelnen Bauglieder des Tempels, Säulen, Gebälke, Decken und Pforten. Es sind die ersten Bauzeichnungen von griechischer Architektur, die bekannt wurden. Sie bilden das umfangreichste ‹*Planarchiv*›, das aus dem Altertum bekannt ist und zusammen mit den jährlichen Rechenschaftsberichten der Tempelbehörde, die als Inschriften erhalten sind, gleichsam ein offenes Werkbuch seiner Baumeister, das vor uns liegt (L. Haselberger).

Fragen nach dem Anlaß des Neubaues

Gelingt es durch diese Entdeckungen, den Weg vom Entwurf bis zur Ausführung zu verfolgen, so erhält man nur lückenhaften Einblick in die Vorgänge, die dazu führten, ein solches Bauunternehmen ins Werk zu setzen. Der Versuch, die Vorgänge zu ermitteln, kann sich nur auf wenige Daten stützen und mündet letztlich in der Frage nach dem Anlaß und den Umständen dieses Unternehmens. Werkzeichnungen und Bauinschriften setzen um die Mitte des 3. Jahrhunderts v. Chr. ein, als die Sockelwände des Hofes bereits standen. Die Zeitspanne zwischen diesem ausgeführten Bauabschnitt und dem Baubeginn reicht ins 4. Jahrhundert v. Chr. zurück. Voraufgegangen waren der Baubeschluß und die Planung, mit der der milesische Baumeister Daphnis und einer der führenden Architekten der Zeit, Paionios von Ephesos, beauftragt wurden. Mit der Beschlußfassung zum Neubau nähert man sich schließlich der Frage nach dem Anlaß und den Umständen, die wiederum weitere Fragen aufwerfen, wie die nach der Finanzierung, der beim Tempelneubau eigentümlichen Einrichtung eines *«verstaatlichten Baugewerbes»* (H. Lauter) und die Frage nach dem Verhältnis von Milet und Didyma im 4. Jahrhundert v. Chr. Für uns ist der Neubau das sichtbarste Zeichen von Veränderungen aus dieser Zeit; er war aber offenbar nur ein Teil von solchen Veränderungen im Heiligtum, die tief in den Kultbetrieb eingriffen. Beides wird man als *einen* Komplex

Abb. 20 Nördlicher Tunnelgang zum Kulthof *(Adyton)* vom Zwölfsäulensaal.

zu behandeln haben, um der Frage nach Anlaß und Umständen näherzukommen. Die Zerstörung des Heiligtums durch die Perser und ein erst nach 150 Jahren einsetzender ‹Wiederaufbau› reichen nach den Ergebnissen der neuen Ausgrabungen nicht mehr als Erklärung aus. Auch die Nachricht, daß das Heiligtum noch nach weiteren dreihundert Jahren *«mit Weihgeschenken altertümlicher Kunst aufs reichste geschmückt»* gewesen ist (Strabon XIV 1, 5), was zumindest aus der Fundlage archaischer Marmorplastik zu erschließen ist, reduziert die Vorstellung vom Ausmaß der ‹Perserzerstörung›.

Der Neubau wird in Zusammenhang mit der Ankunft Alexanders des Großen in Milet (334 v. Chr.), der Beendigung der persischen Oberhoheit, der Wiederherstellung demokratischer Institutionen in Milet und ihres Interesses an der Orakelstätte gebracht. Der Auftrag zum Neubau konnte kaum erteilt werden, ohne in einem regionalen Heiligtum das Recht zur Beseitigung des alten Tempels erlangt zu haben, dessen Schäden aus der Zeit der Perserkriege längst beseitigt waren und dessen abzutragender Bestand – wie wir wissen – besondere Maßnahmen beim Neubau erforderte. Milet fand mit seinen ehrgeizigen Plänen in Didyma und in der Nachfolge Alexanders wirksame Unterstützung bei den Seleukiden. Branchidai-Didyma wurde zum Heiligtum der Polis, sein Übername *Branchidai* findet sich in keiner milesischen Urkunde, seine Priestertümer und Administration wurden vom Demos von Milet eingesetzt.

Abb. 21 Kulthof, im Hintergrund die Fundamente des Quellhauses (sog. Naiskos), von NO.

Abb. 22 Kulthof mit Freitreppe und Dreitürenwand, von Westen.

Abb. 23, 1–2 Südliches Treppenhaus im Zweisäulensaal mit Mäanderdecke und Farbresten.

Abb. 24 Apollontempel, Schaubild von G. Niemann, 1911.

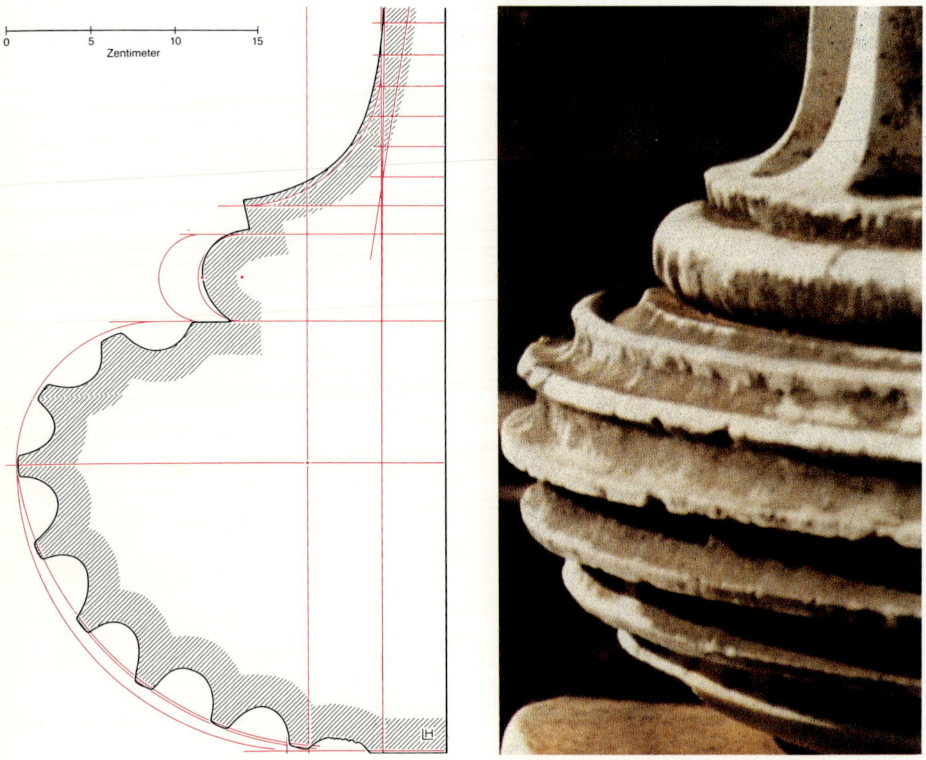

Abb. 25 Links Schnittzeichnung (schraffiert) des Fußprofils einer Säule mit dem antiken Werkriß (rot) im Vergleich mit einem ausgeführten Profil rechts. Der Werkriß ist im Maßstab 1 : 1 in die Wand geritzt und zeigt Korrekturen, aus denen hervorgeht, daß das ausgeführte Säulenprofil nicht schematisch aufgerissen, sondern erst im Laufe des Zeichnens gefunden wurde. (L. H.)

Quellbezirk und Kulthof

Es gibt eine Anzahl von Elementen, die zum Verständnis der Eigenart des Apollontempels von Didyma beitragen können. Dazu gehören die Anlage des aus hellenistischen Bauinschriften als *adyton* bekannten Hofraums, die Funktion des sogenannten *Naiskos* und die *Altarfrage.*

Die älteste, um 700 v. Chr. errichtete Anlage bestand aus einem ummauerten Bezirk. Davon erhalten sind im westlichen Teil des Adytons Mauerreste aus Poros von zwei Schenkelmauern eines langrechteckigen, 10,4 m breiten Hofraums (Abb. 27). Die auf 21 m Länge nachweisbaren Mauerreste führten über *«ein welliges, noch nicht planiertes Terrain»* und umbauten einen von Nordost nach Südwest verlaufenden Felsrücken. Der wohl mit Lehmziegelwänden errichtete Bau gehörte zu den großen seiner Zeit und stand darin dem etwa gleichzeitigen Hekatompedos der samischen Hera kaum nach.

Innerhalb des Hofraums, zwischen der südlichen Schenkelmauer und dem hellenistischen Naiskosfundament, gelang H. Drerup die Identifizierung einer Kalkbank mit den Ablagerungen einer versiegten Süßwasserquelle, deren Schüttung *«bei Erbauung des Heiligtums bereits auf ein Grundwasserloch zusammengeschrumpft war»*. Die Bestimmung der «Quelle» als Grundwasserloch und ihre Lokalisierung in unmittelbarer Nähe des sogenannten Naiskos wirft die Frage nach einer Quellfassung auf. In Betracht kommen dafür bisher ungedeutete ältere Mauerreste im Naiskos, die nach dem Befund als Reste einer Quellfassung angesprochen werden können.

Die Quelle war als Kultmal konstitutiv für das Apollonheiligtum, und bereits der Ausgräber Hubert Knackfuß hatte daraus den *«Organismus des Tempels»* erklärt. In gewissem Widerspruch scheint damit die Bestimmung des sogenannten Naiskos zu stehen. Seiner Bestimmung als Kultbildschrein liegt die Vorstellung zugrunde, daß sich im rückwärtigen Teil einer «Tempel-Cella» das Kultbild befand. So hatte Olivier Rayet bereits Jahrzehnte vor Auffindung der Naiskosfun-

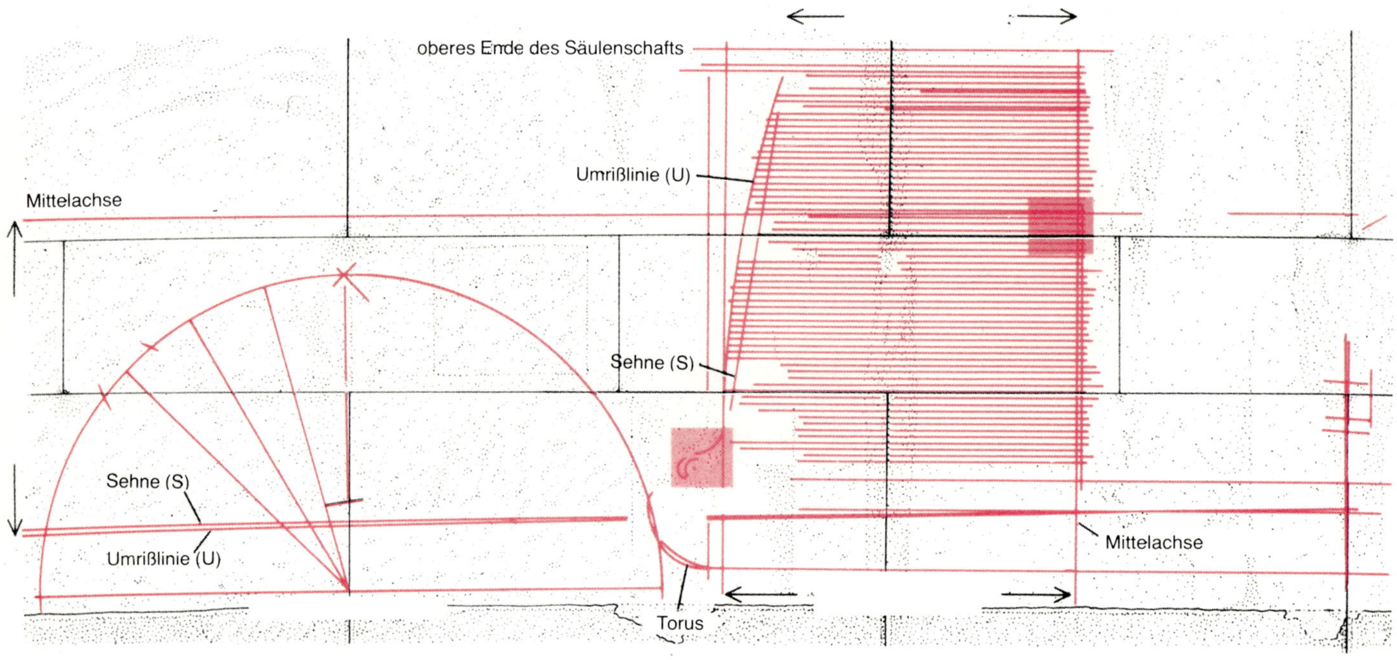

Abb. 26 Drei sich überschneidende Werkrisse der Säulen (rot), jeweils nur bis zur Mittelachse auf den Wandquadern angerissen. – Links: schematischer Schnitt eines Säulenschaftes mit Kanneluren-Aufteilung. – Rechts: Säulenschaft, höhenverkürzt, mit Fußprofil und Konstruktion der Umrißkurve *(Entasis).* Die Abstände der Zeilenlinien (1,8 bis 1,9 cm) entsprechen real jeweils einem griechischen Fuß (29,6 cm). Die Breite blieb unverkürzt, so daß die Radien der Schaftdurchmesser 1 : 1 mit dem Zirkel abzugreifen waren. – Beide Zeichnungen überschneidend: Längsschnitt Säulenschaft, 18 m lang, oberes Ende. (L. H.)

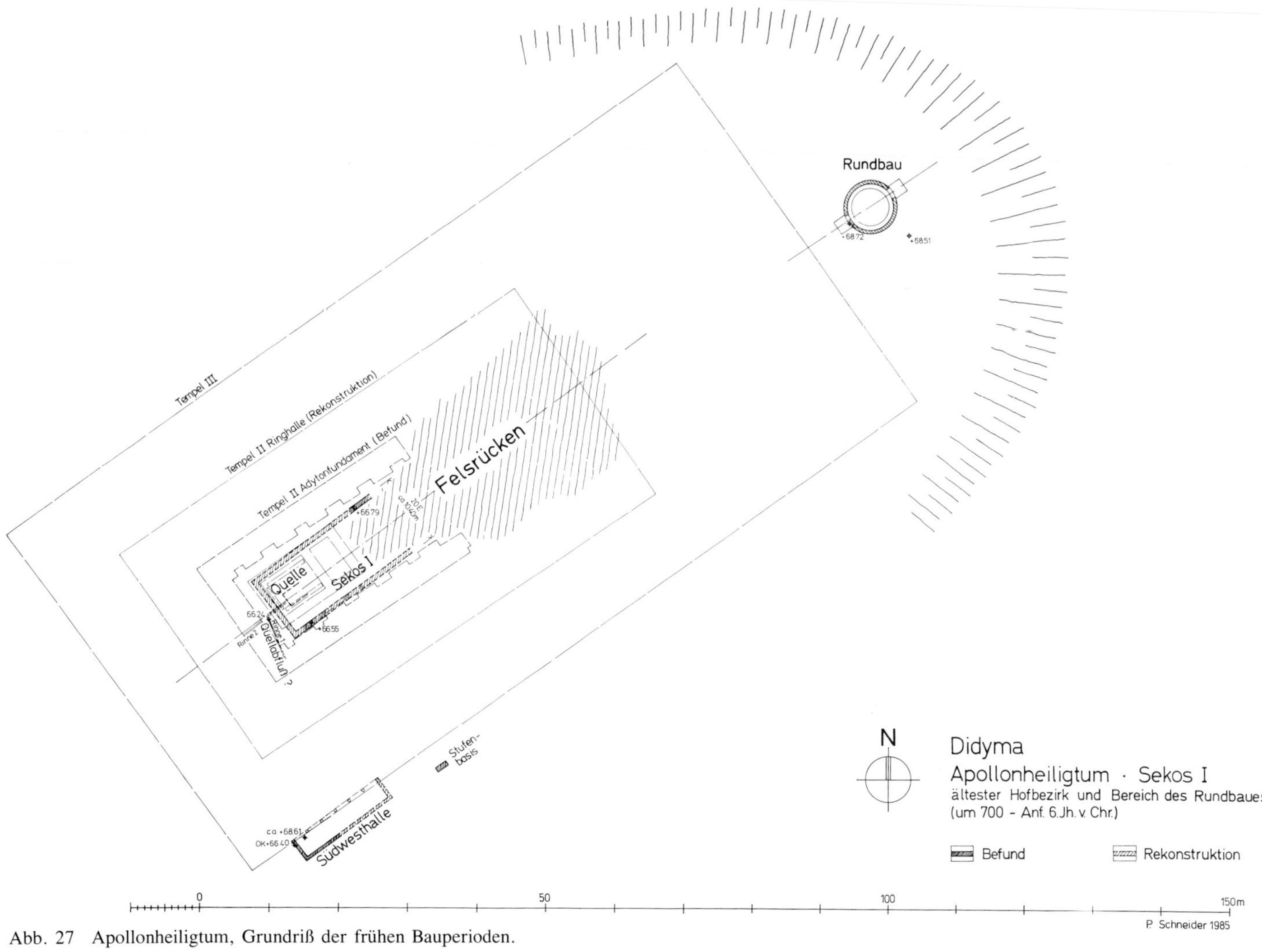

Abb. 27 Apollonheiligtum, Grundriß der frühen Bauperioden.

Abb. 28 Rekonstruktion eines Kultbildschreins im Adyton des hellenistischen Tempels von A. Thomas, 1873.

Abb. 29 Rekonstruktion des ‹Naiskos› nach den Ergebnissen der Grabungen 1906–1913 von F. Krischen.

Abb. 30 Lage des Rundbaues vor der Ostfront des hellenistischen Apollontempels.

Abb. 31 Blick auf das archaische Temenos, Wiederherstellungsversuch.

damente einen Schrein als *«Aedicula»* für ein Kultbild postuliert (Abb. 28), eine suggestive Vorstellung, die bis heute nachwirkt (Abb. 29). Dafür wird eine Bronzestatue des Erzgießers Kanachos beansprucht, offenbar ein Weihgeschenk, das die Milesier um 500 v. Chr. nach Branchidai gestiftet hatten, kein Kultbild. Dagegen bot der an tiefster Stelle und im rückwärtigen Teil des späteren Adytons gelegene Ort ein Wasservorkommen, das gleicherweise das Merkmal der in einer Senke gelegenen, erdnahen Orakelstätte trägt. Bei diesem Befund und der im Apollonheiligtum von Didyma nicht nachweisbaren Existenz eines Kultbildes unterliegt die Bestimmung des sogenannten Naiskos als Kultbildschrein erheblichem Zweifel; es stellt sich vielmehr die Frage nach seiner Bestimmung als Quellhaus zum Schutz des Kultmals und als Sitz der Orakelstätte.

Der Bezirk im Osten des Tempels – Rundbau und Terrasse

Von Bauresten des 7./6. Jahrhunderts v. Chr., zu denen die Fundamente der Adytonmauern des archaischen Tempels und einer Halle im Südwesten gehören, sind solche *in situ* nur noch an zwei Stellen erhalten: im Osten die unteren Lagen eines zweitürigen Rundbaues von 8 m äußerem Durchmesser, den H. Knackfuß mit dem Hauptaltar identifizierte (Abb. 30), und die Stützmauer einer Terrasse mit Bauresten (Abb. 32). Terrasse und Rundbau sind die einzigen uns bekannten Anlagen aus archaischer Zeit, die bis in die Spätantike im Osten des Tempels bestanden haben. Beide sind seit dem Bau des hellenistischen Tempels äußerst eingeengt; so beträgt der Abstand von der untersten Tempelstufe bis zum Rundbau nur etwa 7 m, von dort bis zum Fuß der Stützmauer maximal 28 m und an der Nordostecke des Tempels nicht mehr als 3,3 m.

Terrassenanlage, Rundbau und der Neubau des archaischen Tempels gelten als Bestandteile einer einheitlichen Planung aus der Zeit um 550 v. Chr. (Abb. 27). Dafür werden zwei Gründe genannt: 1. die Achsverlängerung des archaischen Tempels, die *«genau auf die Mitte des Altars trifft»*; zugrunde liegt dabei die Vorstellung eines vor der Tempelfront zu postulierenden Hauptaltars; und 2. die Zuweisung von ionischen Kymaplatten zu den Stützmauern der Terrasse und ihre Datierung gegen 540 v. Chr.

Der Rundbau liegt am Ausläufer eines Hanges und steht mit der Terrassenanlage in räumlicher Beziehung. Der

Grabungsbefund im Rundbau – Keramik, Metallgegenstände und Tierknochen – entspricht dem von Opferstätten bekannten Inventar. Der Aufbau ist nicht gesichert, die Bestimmung der beiden in der Achse liegenden Zugänge ist unbekannt. Der Keramikbefund und die Mauertechnik haben ihre nächsten Parallelen im Befund der Südwest-Halle aus der Zeit um 600 v. Chr.

Sodann haben Untersuchungen an der Stützmauer der Terrasse ergeben, daß nur die beiden südöstlichen Mauerabschnitte in archaischer Zeit ausgeführt waren, der Hang im übrigen nicht durch Mauern befestigt war. Die Notwendigkeit einer Hangbefestigung im Südosten erklärt sich aus den dort auf der Terrasse gelegenen Bauten (Abb. 31). Weiterhin stellte sich heraus, daß die der Stützmauer zugewiesenen ionischen Kymatien aus Poros wiederverwendet und erst in nacharchaischer Zeit beim Bau der übrigen Mauerabschnitte verlegt worden sind (Abb. 33 und 34, 1–2). Mithin ist eine Datierung der Terrassenmauer nach den ionischen Kymatien nicht möglich, wie auch die Annahme einer Gleichzeitigkeit der gesamten Stützmauer und des Rundbaues entfällt.

Die Errichtung des Rundbaues als Hauptaltar für den archaischen Tempel wirft außer chronologischen noch weitere Fragen auf. Wie aus dem Plan Abb. 27 ersichtlich wird, betrug die Distanz zwischen dem Quellbezirk im Westen und dem Rundbau im Osten über 100 m; selbst zum archaischen Tempelneubau hätte man mit Distanzen von 45 m, eher von 60 m zu rechnen, je nach Rekonstruktion der Tempellänge. Eine solche Weiträumigkeit zwischen «Tempel und Altar» ist kaum noch mit der Hypothese eines Festplatzes zu vereinbaren, um die Zugehörigkeit des Rundbaues zum Tempel zu beweisen. Insoweit läßt sich über die Lage eines zum geometrischen Quellbezirk gehörenden Altars nur spekulieren.

Näher an das Problem führt die Frage nach dem *Verhältnis von Bezirk und Altar*. Bei einem Bezirk oder Temenos ist der Altar bzw. die Opferstätte innerhalb, nicht außerhalb der Begrenzung anzusetzen. So sind denn auch Bauglieder archaischer Altäre innerhalb des Adytons aus nachantiker Verbauung bekannt, von denen angenommen wird, daß sie im Adyton des archaischen Tempels errichtet wurden. Erstaunlich und einer Erklärung bedürftig bleibt, daß der Rundbau nicht beim Bau des hellenistischen Tempels abgetragen wurde, um Platz für einen ‹Monumentalaltar› zu schaffen. Die bogenförmig verlaufende Terrasse begrenzt dort einen theatron-ähnlichen Platz, dessen westlicher, zwischen den beiden äußeren Treppen gelegener Teil vom hellenistischen Tempel überbaut ist. Mit ihren fünf Treppen und den beiden Bauten ist die Terrasse auf den Rundbau ausgerichtet. Die hier bestehende, von der Anlage früher Heiligtümer bekannte *«radiale Zuordnung zu einem Zentrum»* (F. Matz) und die Distanz zum Quellbezirk werfen die Frage auf, ob wir es mit einem eigenen Bezirk zu tun haben, von dem Rundbau und Terrasse bis ans Ende der Spätantike erhalten blieben. Eine im Heiligtum bestehende Nachbarschaft zweier Kulte verschiedenen Ursprungs wäre nicht ungewöhnlich.

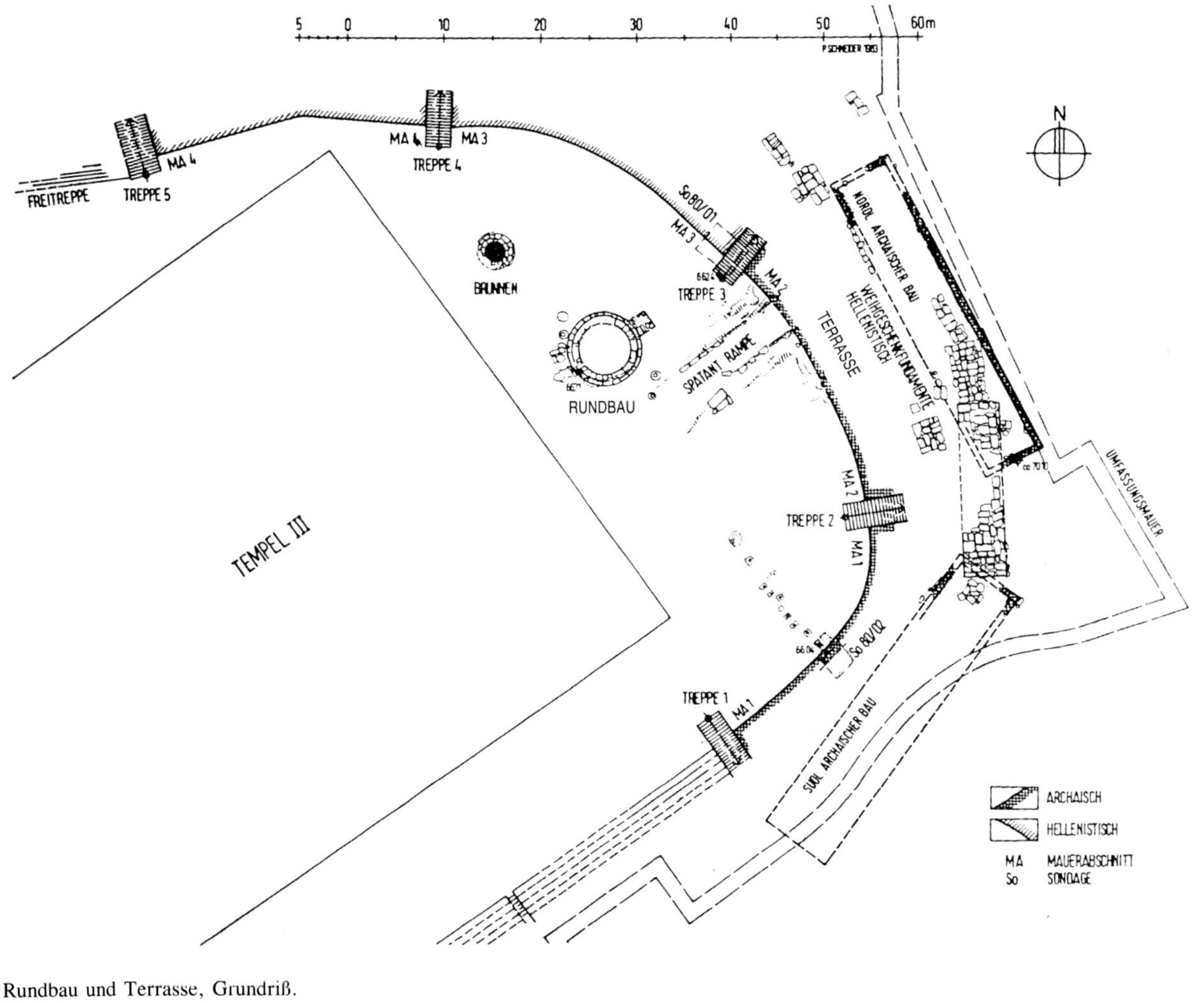

Abb. 32 Rundbau und Terrasse, Grundriß.

Abb. 33 Ionische Kymatien, 6. Jh. v. Chr.; als Deckplatten wiederverwendet bei der hellenistischen Terrassenmauer.

Abb. 34, 1–2 Deckplattenfragment mit ionischem Kyma und roten Farbresten aus der Hinterfüllung der hellenistischen Terrassenmauer.

Abb. 35 Didyma, Luftaufnahme 1963. 1: Apollontempel. – 2: Grabungsgebiet 1969 bis 1972. – 3: Grabungsgebiet seit 1975. – 4: Grabungshaus vor Wiederaufbau. – 5: Straße nach Akköy und Milet.

Abb. 36 Blick auf das Grabungsgebiet von NW, 1982.

Abb. 37 Grabungsgebiet mit Heiliger Straße.

Abb. 38, 1–2 1. Felsbarre mit Süd- und Nordbecken und den Brunnen 2, 3 und 4. Links Kammerreihe der römischen Halle und Heilige Straße. – 2. Nordbecken mit Felsrinne links und Einlassungen der ausgeraubten Verkleidungen. Ansicht von Norden.

III. Die neuen Ausgrabungen

1. Das Grabungsgebiet – Überlieferung und Befund

Von ganz anderer Erscheinung war ein Heiligtum im Nordwesten des Apollonbezirks. Die Ausgrabungen wurden dort vor anderthalb Jahrzehnten begonnen und sind noch nicht abgeschlossen (Abb. 35 Ziffer 3 und Abb. 36). In diesem Abschnitt hatte man bereits im Jahre 1909 einen Teil der Heiligen Straße aufgefunden und angenommen, daß sich beiderseits eine *«stadtartige Siedlung . . . mit Wohnquartieren»* erstreckte. Diese Annahme beruhte auf der Freilegung eines schmalen Streifens der Randbebauung und der schriftlichen Überlieferung einer Siedlung, die namentlich in spätantiker Zeit eine ansehnliche Existenz gehabt haben muß. So war im 3. Jahrhundert n. Chr. ein Teil des Heiligtums, der zum Hain gehörte, bebaut worden, wie aus einer Orakelanfrage hervorgeht (Abb. 86). Welcher Art diese Bebauung war, wird nicht gesagt, scheint aber mit der Ausdehnung der Siedlung zu tun zu haben, die zu dieser Zeit als *«polis»* bezeichnet wird.

Die Frage nach der Topographie des antiken Didyma und nach dem Verhältnis von *«Tempel – Heiligtum – Siedlung»* wurde bereits vor den 1975 begonnenen Grabungen gestellt, ohne daß sich seitdem Bestimmteres über die antike Siedlung sagen ließe, sofern darunter Wohnbauten für die seit dem 1. Jahrhundert v. Chr. bezeugte Einwohnerschaft des Heiligtums zu verstehen sind. Die neuen Ausgrabungen haben ergeben, daß erst im Laufe der hellenistischen Zeit zu beiden Seiten der Heiligen Straße Bauten entstanden, mit denen der alte Prozessionsweg innerhalb des Heiligtums die Züge einer städtischen Hauptstraße erhielt. Unter diesen Bauten befinden sich keine, die als *«Wohnquartiere»* errichtet worden sind.

Die Straße zeichnet sich auf Abb. 37 klar ab; die beiderseitige Randbebauung

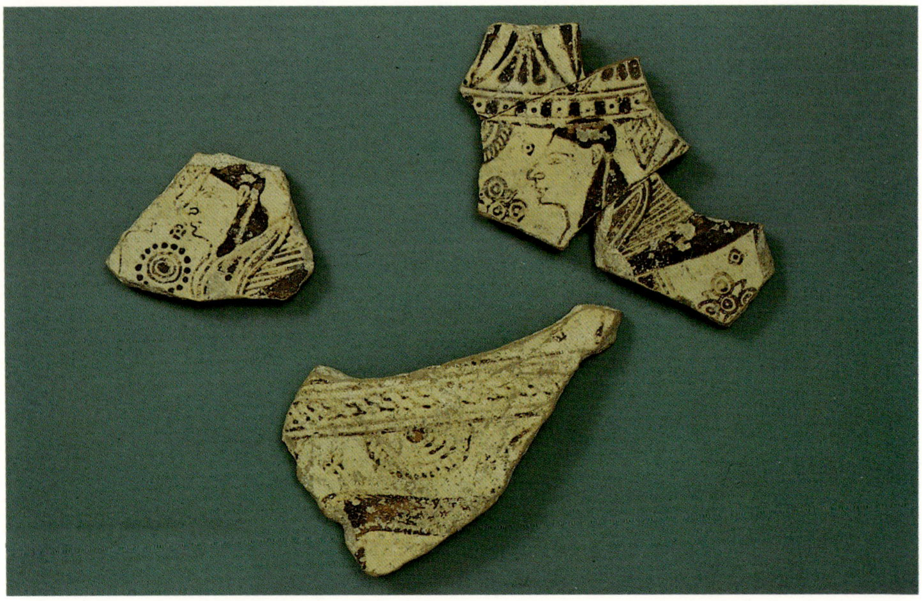

Abb. 39, 1–2 Bemalte Gefäße von der Felsbarre. 7. Jh. v. Chr.

Abb. 40 Felsbarre mit den überbauten Westbecken; am linken Bildrand Brunnen 2.

hingegen bietet ein verwirrendes Bild von Mauerresten und wechselnden Geländeformationen. Zu erklären ist das damit, daß auf der ausgegrabenen Fläche die Spuren von 1400 Jahren Geschichte des Heiligtums erhalten sind, d. h. vom 7. Jh. v. bis ins 7. Jh. n. Chr.

Das Artemisheiligtum – Quellbezirk und Lokalkult

Von besonderem Interesse ist der Komplex auf der Westseite. Der Kern dieses bis in die römische Kaiserzeit durch Erweiterungen und Umbauten veränderten Komplexes ist eine 45 m lange Felsbarre, auf deren Ostseite die Heilige Straße vorbeiführt. Die Felsbarre gehört zum Ausläufer eines Höhenrückens, auf dessen Südseite das Apollonheiligtum liegt; sie besteht aus Kalktuff, überlagert von Kieselsediment, und trägt zahlreiche Einarbeitungen, Baureste, Rinnen, Tonrohrleitungen und drei Brunnen. Zum ältesten Bestand gehören vier Felsbecken: zwei im Südosten, die durch eine 20 m lange Felsrinne verbunden sind (Abb. 38, 1–2), die beiden anderen im nordwestlichen Teil und im Bereich des Hangabbruchs (Abb. 40). Es handelt sich jeweils um ein mit einem Schöpfbecken verbundenes Quellenbecken, dessen Wasserzufuhr später versiegte und durch Brunnen ersetzt worden ist (Abb. 38, 1).

In der Frühzeit bildete in dem flach ansteigenden Gelände die Felsbarre mit ihren Wasservorkommen eine Landmarke (Abb. 42). Große Kalksteinblöcke, die als Fundamentreste einer Stützmauer gedeutet werden können, sind im Nordosten erhalten. Als Stützmauer sicherte sie den am Hang entlangführenden Weg vor Abschwemmungen (Abb. 41); inwieweit sie als Grenz- oder Peribolosmauer die auf der Felsbarre gelegenen Anlagen einschloß, lassen die erhaltenen Reste nicht mehr erkennen. Das im Südosten befindliche Quell- oder Südbecken lag in einer eigenen, von Mauern umgebenen Einfriedung; außerhalb davon die beiden als Quell- und Schöpfbecken verbundenen Westbecken sowie eine in den Boden eingetiefte Steinfassung, deren Inventar eine Bestimmung als Depot für Opferreste vermuten läßt.

Abb. 41 Ältere Peribolosmauer rechts, links Hangweg.

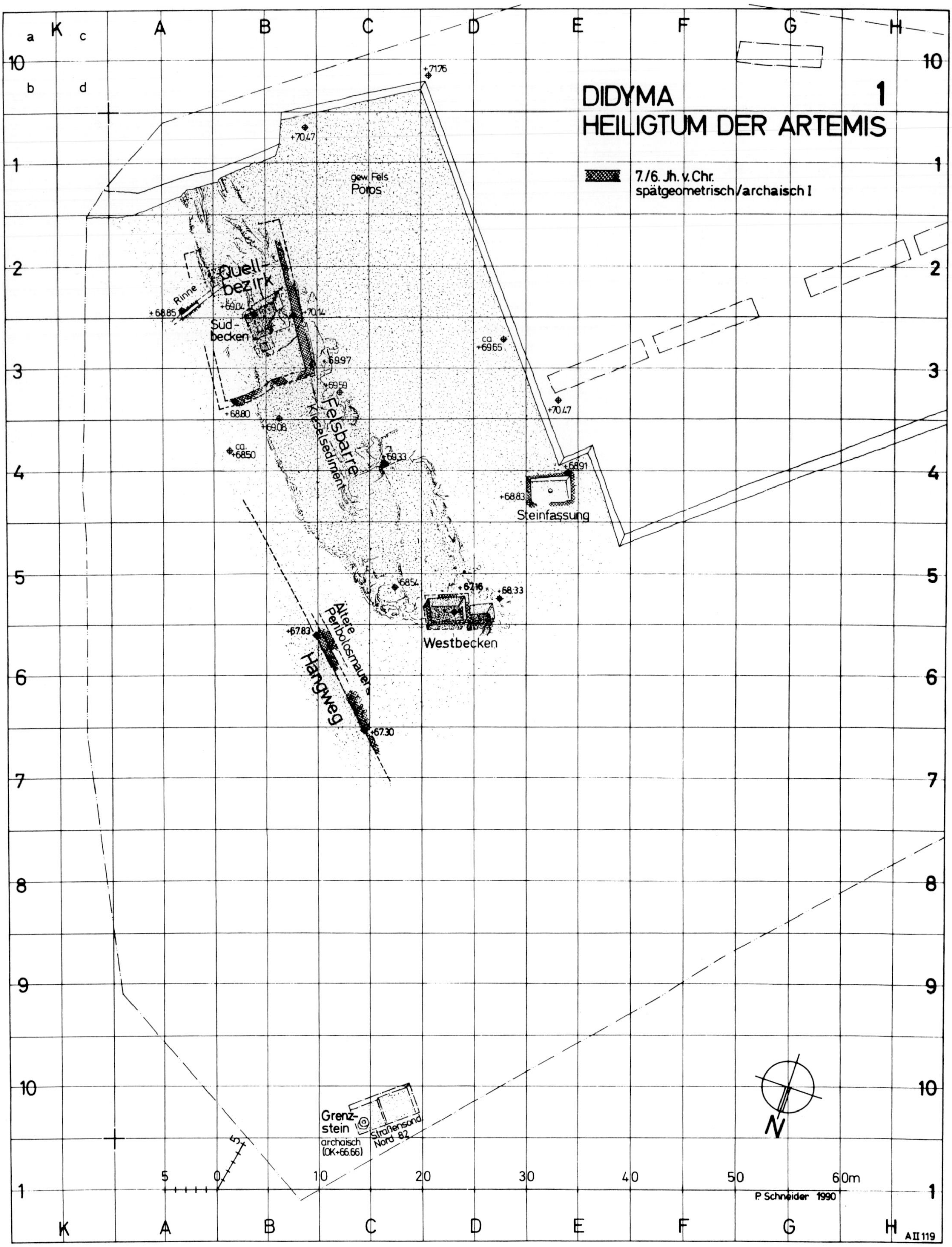

Abb. 42 Periodenplan 1 (7./6. Jh. v. Chr.). Nordwestlich des Apollonheiligtums erstreckt sich der Ausläufer eines Geländesattels in Gestalt einer Felsbarre aus Kalktuff. Die Felsbarre bildete in der Frühzeit eine Landmarke, deren Wasservorkommen einen Kult begründeten. Der Kult wurde von den Priesterinnen der in Didyma verehrten Artemis versehen, den *Hydrophoren* oder Wasserträgerinnen. Die ältesten Spuren einer Bebauung reichen in die Zeit um 700 v. Chr. zurück. Es sind rechteckige, in den Fels eingetiefte Becken, die durch Sickerwasser gespeist wurden, das sich in Hohlräumen des Kalkplateaus sammelte. Das große Südbecken war mit einer Mauer eingefriedet. Das Westbecken bestand aus einem kleineren Quell- und einem größeren Schöpfbecken. Von der baulichen Ausstattung ist aus dieser Frühzeit noch eine Steinfassung erhalten, die als Deponie für Opferungen diente, und der Fundamentzug einer Stützmauer entlang eines Hangwegs.

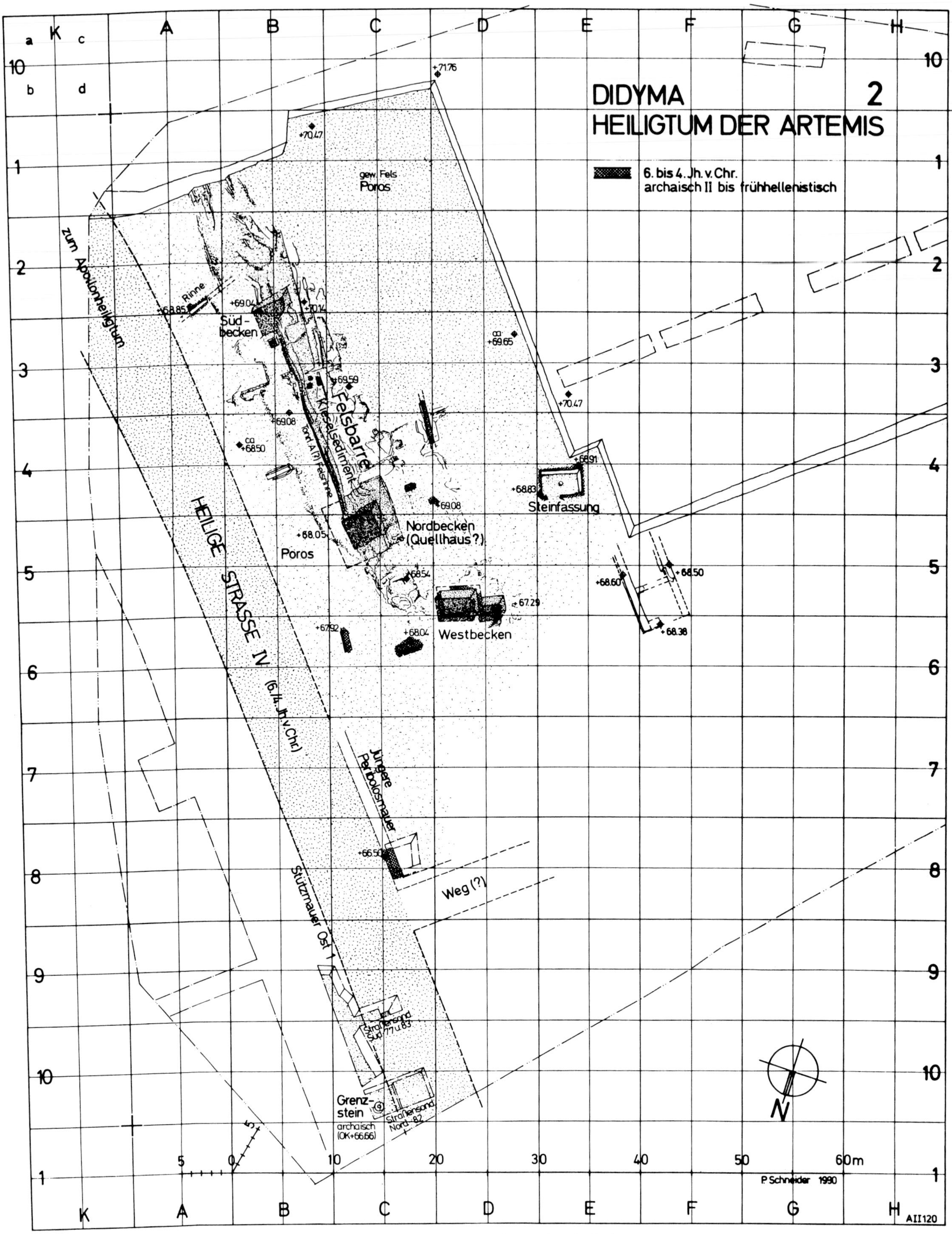

Abb. 43 Periodenplan 2 (6. bis 4. Jh. v. Chr.). Im Verlaufe des 6. Jahrhunderts v. Chr. traten zwei folgenreiche Veränderungen ein: Der Bau einer von Milet bis zum Heiligtum von Branchidai-Didyma führenden Prozessionsstraße und die Erweiterung des Bezirks auf der Felsbarre nach Nordwesten. Die Prozessions- oder Heilige Straße (IV) führte im Osten der Felsbarre durch eine Senke und weiter zum Apollonheiligtum. Der alte Hangweg mit der Stützmauer wurde aufgelassen. Folgenreich waren sodann die Veränderungen auf der Felsbarre: Vom Südbecken ausgehend, wurde eine tiefe Rinne in den Fels geschlagen, die das Wasser in ein größeres Schöpfbecken im Norden leitete. Die in dieser Periode vorgenommenen Veränderungen legten die Grundzüge für die weitere Entwicklung in diesem Gebiet fest. Ein am Aufstellungsort gefundener runder Steinblock östlich der neuangelegten Prozessionsstraße bezeichnete für die folgenden Jahrhunderte die Nordgrenze des Heiligtums von Didyma.

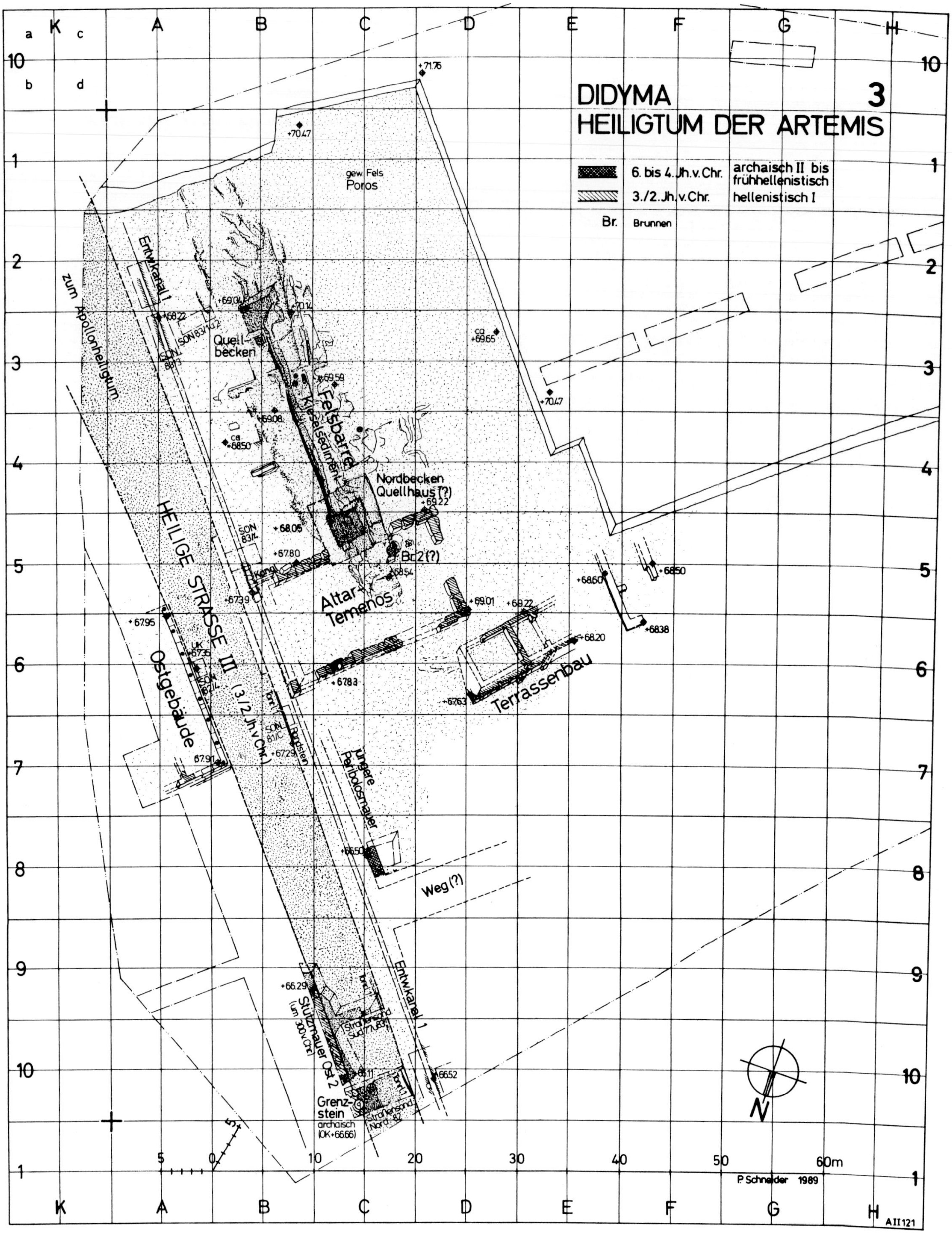

Abb. 44 Periodenplan 3 (3./2. Jh. v. Chr.). Hatte sich in der 2. Periode eine Verlagerung des Schwerpunkts auf der Felsbarre nach Nordwesten abgezeichnet, so nimmt diese in der 3. Periode eine deutlichere Gestalt an. Das Nordbecken wird zum Bestandteil eines eigenen Bezirks mit einer Einfriedungsmauer, sie umschließt die nördliche Felskuppe und öffnete sich zur Prozessionsstraße (sog. Altartemenos). Der nördliche Hangabbruch der Felsbarre wird durch Aufschüttungen einplaniert. Es entsteht dort eine Terrasse mit einem langrechteckigen Bau unbekannter Bestimmung. Die bis zu 9 m breite Heilige Straße (III) wird ausgebaut und mit einem Abwasserkanal sowie einer Frischwasserleitung versehen. Erst aus dieser Zeit sind die ältesten Baureste auf der Ostseite bekannt, das sog. Ostgebäude gegenüber dem Heiligtum der Artemis auf der Felsbarre.

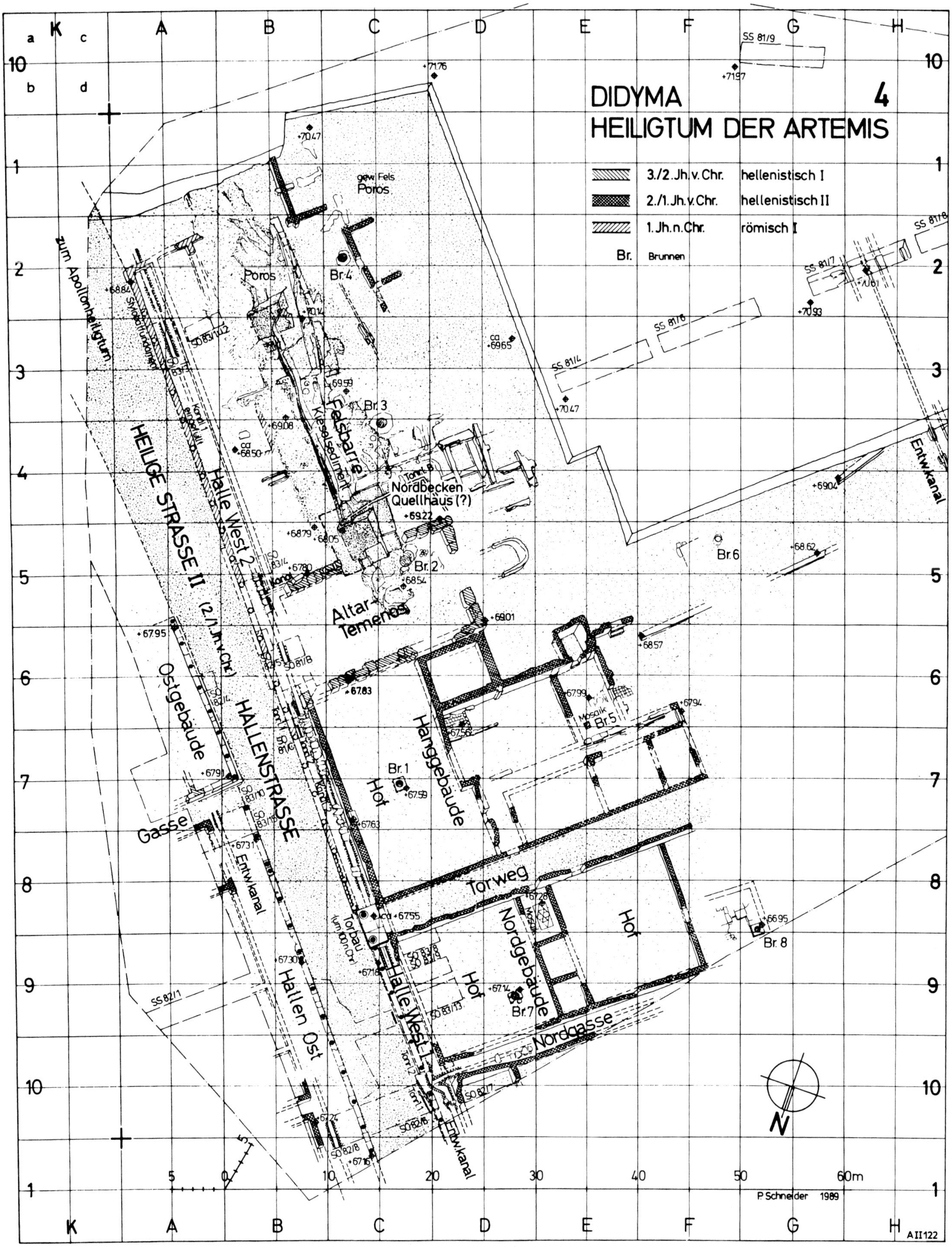

Abb. 45 Periodenplan 4 (2./1. Jh. v. bis 1. Jh. n. Chr.). In dieser Periode wurde das Areal des Heiligtums bis an seine Nordgrenze bebaut. Am Nordhang entsteht ein Bau mit vorgelagertem Hof und anschließenden Räumen, das Hanggebäude, in dem Wasser eine wichtige Rolle spielte. Auf der Felsbarre hatte ein Zurückgehen des Grundwasserspiegels die Ausübung des Kults bedroht. Infolge der Bebauung entsteht ein größerer Komplex, der durch Mauern von der Straße abgetrennt ist. Die ländlich geprägte Umgebung bleibt innerhalb des Heiligtums der Artemis erhalten, nicht jedoch im Straßenbereich, der städtische Züge annimmt (Abb. 46): Beidseitig entstehen Hallen auf Kosten der Straßenbreite, dahinter liegen Bauten, die den Kulten und den dafür nötigen Einrichtungen dienten. Diese Entwicklung ging nicht von den Kultstätten auf der Felsbarre aus, sondern von der Straße (II) mit den ihr zugeordneten Hallen: Der alte Prozessionsweg wurde zur Hauptstraße des Heiligtums.

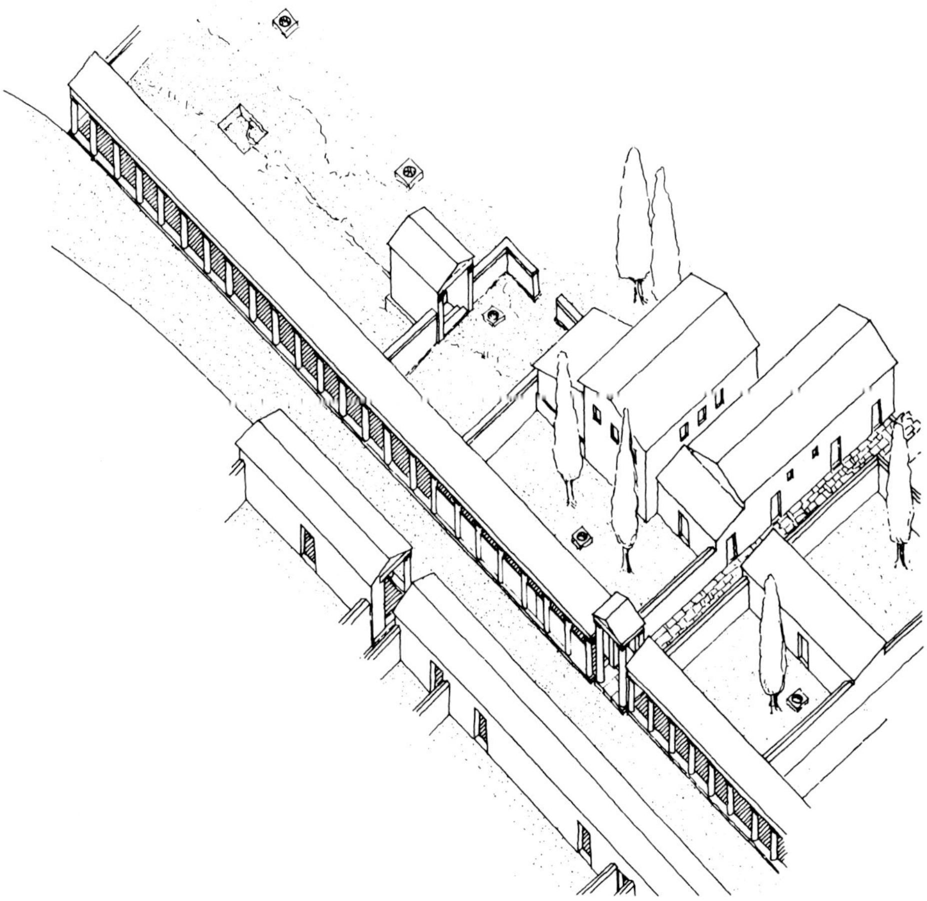

Abb. 46 Wiederherstellungsversuch zu Bauperiode 4.

Im 6. Jahrhundert v. Chr. wurde die Anlage erweitert: Die ältere Stützmauer wurde aufgegeben und nach Norden verlegt (Abb. 43). Es war eine folgenreiche Erweiterung: sie führte zur Aufgabe des Hangwegs und bildete die bis ans Ende des Altertums bestehende Nordgrenze des Felsbarrenbezirks. Innerhalb davon wurde das Wasser der Südbeckenquelle künstlich durch eine Felsrinne an den nördlichen Rand der Felsbarre geführt und im Nordbecken neu gefaßt (Abb. 38, 2). Süd- und Nordbecken blieben mit der Felsrinne bis zur Zerstörung des Heiligtums in spätantiker Zeit offen und ohne Überbauung, obwohl längst nicht mehr wasserführend.

Größere Veränderungen werden erst wieder im Laufe der hellenistischen Zeit faßbar (Abb. 44). In dieser Zeit waren die beiden Westbecken bereits versiegt und infolge einer Terrassierung zugeschüttet. In einer ersten Etappe wird die Felskuppe im Nordwesten mit zum Teil wiederverwendeten Kalksteinquadern umbaut. Die Wände schließen einen langrechteckigen Hofraum mit dem Nord-

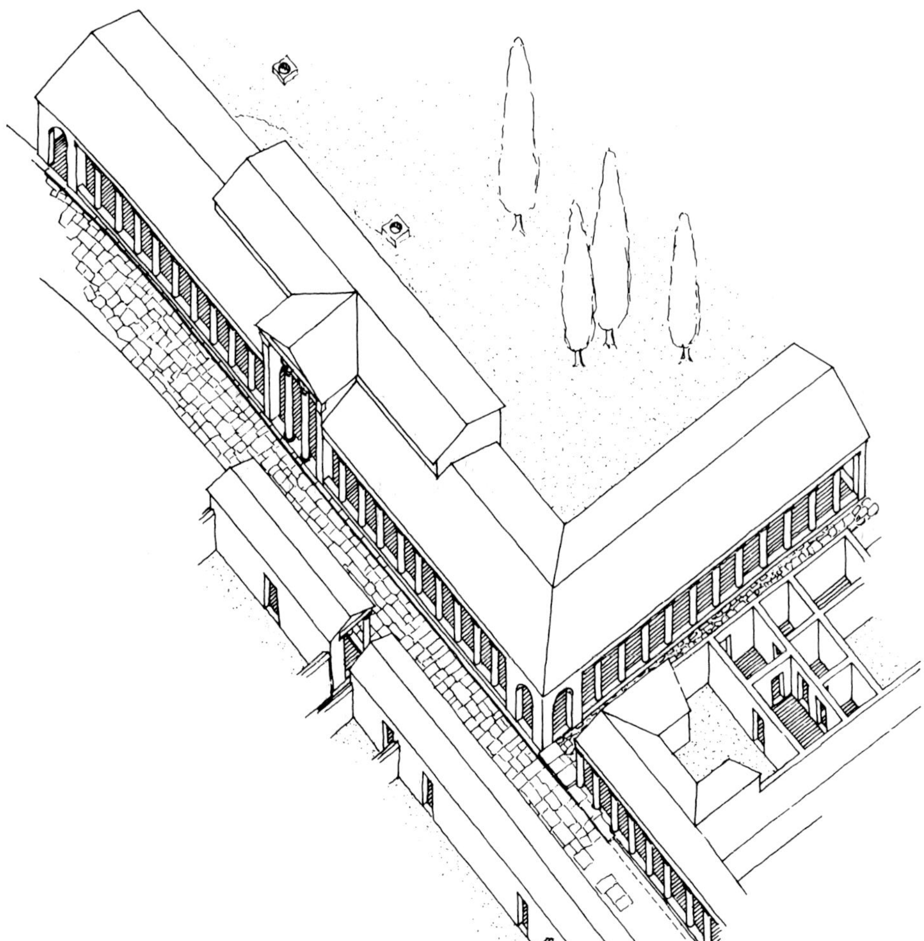

Abb. 47 Wiederherstellungsversuch zu Bauperiode 5. Periboloshalle.

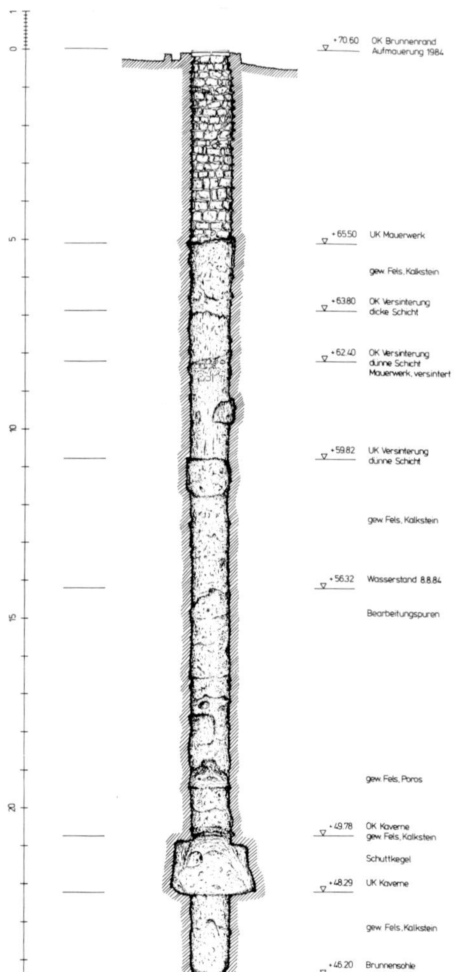

Abb. 48 Felsbarre, Brunnen 4, Schnitt.

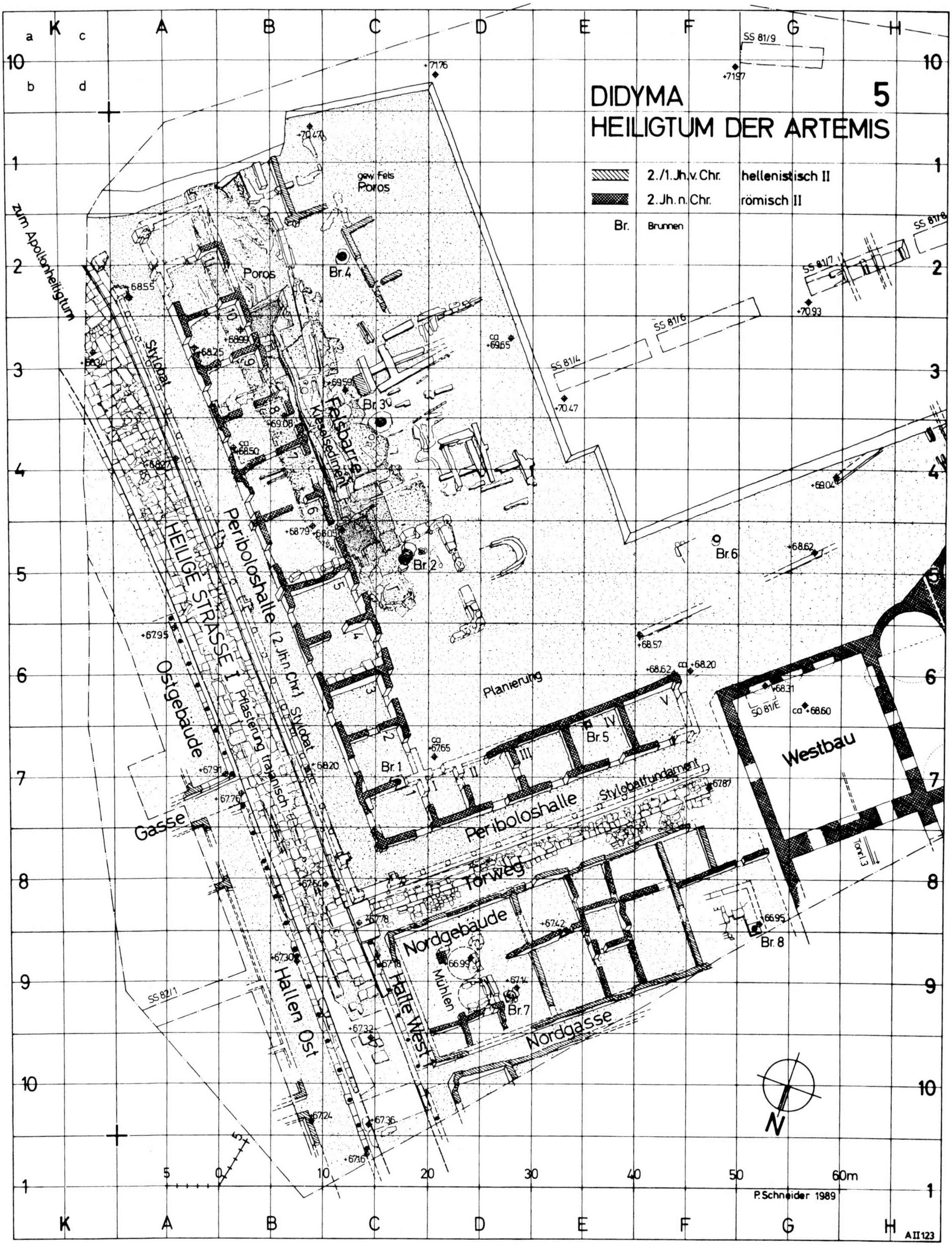

Abb. 49 Periodenplan 5 (2. Jh. n. Chr.). Die Veränderungen in der römischen Kaiserzeit erscheinen uns heute als Vollzug bereits eingeleiteter Entwicklungen. Die Ausstattung des Straßenraums schreitet fort, und römische Straßenbaumaßnahmen werden angewendet: Die Hauptstraße erhält erstmals innerhalb des Heiligtums eine Pflasterung und einen nach Osten verlegten Verlauf, mit dem die Südrichtung des alten Prozessionsweges verlassen wurde. Mit 5 m Breite ist sie die engste von den aus diesem Abschnitt bekannten älteren Straßen.

Infolge solcher Veränderungen wird das Artemisheiligtum neu gestaltet: An die Stelle der straßenseitigen Kolonnaden tritt eine L-förmige Hallenanlage mit Kammern, die jetzt das Straßenbild bestimmt (Abb. 47). Die neue Halle schließt die Osthälfte des Felsbarrenbezirks ein und ist mit ihrer Achse auf das alte, längst versiegte Nordbecken ausgerichtet (hinter Kammer 6). Die Brunnen bleiben weiterhin in Betrieb und werden erst in frühbyzantinischer Zeit (4.–6. Jh.) nach der Zerstörung des Artemisheiligtums zugeschüttet.

Abb. 50 Archaischer Mädchenkopf, Marmor, um 540 v. Chr.

Abb. 51, 1 Schöpfgefäße aus Brunnen 4.

Abb. 51, 2 Schöpfgefäße aus Brunnen 4, vollständig erhalten.

Abb. 52 Artemiskopf, Terrakotta.

becken ein, der sich mit der östlichen Schmalseite zur Straße öffnete und einen Brunnen (2) enthält. Wir stellen uns diesen Bau ähnlich wie den *Altar court* in Samothrake vor, dessen Wände eine Felskuppe einfassen.

Nördlich dieser Anlage und am Hang der Felsbarre wurde in einer zweiten Etappe ein größeres Gebäude errichtet mit einem quergelagerten Brunnenhof zur Straßenseite, einem saalartigen Raum und kleinen Räumen sowie einem weiteren Brunnen (5) und einer Wasserkammer im rückwärtigen Teil (Abb. 45).

Neu sind die Anlagen von Brunnen, wohl bedingt durch den abgesunkenen Grundwasserstand oder die auch sonst in Didyma bekannte Verlagerung der Grundwasserzufuhr, die die Felsbecken nicht mehr erreichte, wobei durch das Versiegen des Wassers die Keimzelle des Bezirks bedroht wurde. Von der Straße aus bot sich ein Anblick von Bauten mit gestaffelter Höhlenlinie, davor lagen Kolonnaden, die sich zur Straße öffneten (Abb. 46).

Es ist eines der frühen Beispiele einer Kolonnadenstraße, die dann in der römischen Kaiserzeit vielerorts das Stadtbild bestimmten. Die hellenistischen Hallenbauten von Didyma, Kalksteinsäulen mit Holzgebälk und von geringer Tiefe, waren nicht Bestandteil des Heiligtums auf der Felsbarre, sondern dienten den Vorgängen auf der Straße: Ursprünglich waren solche Kolonnaden Bestandteil von Fest- oder Prozessionsstraßen und von leichter Bauweise (P. Schneider). Erst in der römischen Kaiserzeit übernahmen die Kolonnadenstraßen die Funktion der Märkte und wurden zu Vorläufern der Basarstraßen.

Heute, aber auch schon für den Besucher in der römischen Kaiserzeit, wird der Eindruck entlang der Straße von einer 60 m langen Halle mit einem L-förmigen Flügel bestimmt. Der im 2. Jahrhundert n. Chr. errichtete Bau besteht aus einer Halle mit dahinterliegenden Kammern. Hallen mit einer Kammerreihe gehörten seit Jahrhunderten zum Bestand des Städtebaues. Mag im einzelnen auch nicht immer die Bestimmung der Kammern bekannt sein, so ist allen ein geschlossener Raum gemeinsam, der sich mit einer Tür zur Halle öffnete. Die Kammern unserer Halle hingegen haben bis zu vier einander gegenüberliegende

Abb. 53 Kultsatzung aus dem Artemisheiligtum. 6. Jh. v. Chr.

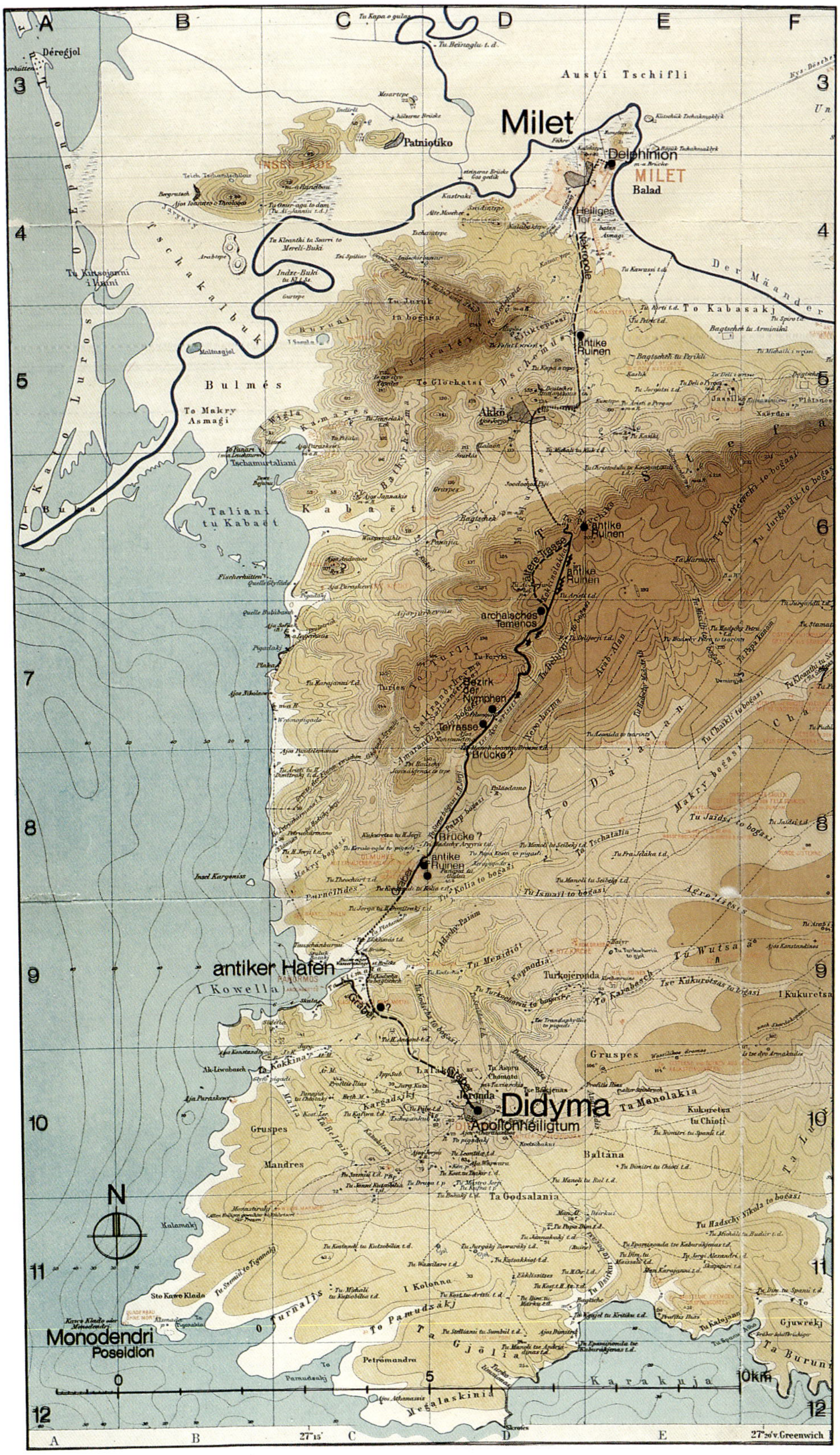

Abb. 54 Heilige Straße von Milet nach Didyma. Übersicht auf der Grundlage der Karte von P. Wilski. P. Schneider, 1990.

Wandöffnungen: außer der an der Front eine an der Rückwand und jeweils eine an den beiden Innenwänden. Soweit festzustellen, liegen die Unterkanten der Wandöffnungen an der Front zu hoch, um von der Halle aus betreten werden zu können. Ohne daß Näheres darüber bekannt wäre, könnte die Öffnung, aber Unbetretbarkeit eines solchen Raumes ihren Sinn darin gehabt haben, daß Gegenstände zur Schau gestellt wurden, vielleicht auch Handlungen stattfanden, bei denen die im Innern der Kammern gelegenen Wandöffnungen eine Rolle spielten. Als weitere Besonderheit ist zu verbuchen, daß für die Halle nur die in hellenistischer Zeit errichteten Anlagen aufgelassen und überbaut worden sind, nicht jedoch der Kern: Die Felsbarre blieb selbst im Bereich der Kammern zugänglich und, wenn uns der in frühbyzantinischer Zeit durchwühlte Boden nicht täuscht, auch die beiden längst versiegten Felsbecken mit ihrer Verbindungsrinne, an der die Rückwand der Kammern entlangstreift, sicherlich aber die Brunnen (Abb. 49). Die Funktionen der älteren Anlagen könnte ein Neubau im Westen des Bezirks übernommen haben, ohne daß dazu abschließende Untersuchungen vorliegen. Fragt man nach der Bestimmung der Kammern, so hat man von den beiden auffälligsten Merkmalen auszugehen: von der Vielzahl der Wandöffnungen und dem in der Südhälfte der Kammereihe offen liegenden Felsboden. Der Felsbarrenbezirk wird in den Komplex der kaiserzeitlichen Halle einbezogen: Der repräsentative Bau, ausgestattet mit einem Mittelrisalit, ist Bestandteil dieses Bezirks; er umschließt ihn im Osten und Norden und erfüllte die Bestimmung eines Peribolos. Es handelt sich um eine Neugestaltung des Heiligtums, wie sie aus der römischen Kaiserzeit von vielen Orten bekannt ist (Abb. 47).

Brunnen und Votive

Von besonderer Bedeutung sind die Funde aus den Brunnen auf der Felsbarre (Brunnen 2, 3 und 4), die bis heute das in Didyma seltene Süßwasser führen. Es sind Schachtbrunnen, der tiefste von knapp 25 m und einem engen, mit weniger als einem Meter im Durchmesser gemauerten Brunnenhals (Abb. 48). Die Gesteinsschicht ist wasserdurchlässig und enthält Dolinen, in denen sich bis heute Tagwasser sammeln. Der Wasserzulauf besteht aus Tropfwasser, das zu Cavernenbildungen führt, in Trockenperioden versiegen die Brunnen. In den Brunnen befanden sich aberhunderte Gefäße ein und desselben Typs. Es handelt sich dabei um die keramische Nachbildung eines Schöpfgefäßes mit einem Fassungsvermögen von etwa vier bis sechs Litern, das nicht aus Ton bestand, sondern zweckentsprechend aus stoßfestem Material, womöglich aus Leder (Abb. 51, 1–2). Bei dem geringen Durchmesser des Gefäßbodens kippt das bauchige Gefäß bei Auftreffen auf die Wasseroberfläche um und füllt sich schnell. Ein breiter Henkel in Form eines Bügels spannt sich über die Gefäßmündung; sie ist in der Mitte eingezogen und reflektiert die Verformung des nichtkeramischen Vorbildes wie es noch heute bei anatolischen Ziehbrunnen anzutreffen ist. Der Typus ist in Didyma seit hellenistischer Zeit bekannt. Das massenhafte Vorkommen in der Kaiserzeit und der Umstand, daß sie unversehrt als nachgebildete Schöpfgefäße in die drei Brunnen auf der Felsbarre versenkt wurden, lassen annehmen, daß es sich um Votivgaben handelt. Vielleicht erklären sich daraus auch kleine Klumpen von harziger Substanz in den Gefäßen als Reste von Räucherwerk, die vor dem Versenken der Opferung beigegeben wurden.

Noch in anderer Hinsicht geben die Funde aus den Brunnen Auskunft über das Heiligtum auf der Felsbarre. Die Schöpfgefäße befanden sich als einheitliche Füllung in den unteren Lagen, während in den oberen Lagen Massen von Tierknochen, Mauerresten und zerschlagenen Gefäßen eingefüllt worden sind. Es sind die Überreste des zerstörten Heiligtums, mit denen die Brunnen auf der Felsbarre versiegelt worden sind. Voraufgegangen war im Laufe des 4. Jahrhunderts n. Chr. vermutlich eine Erdbebenzerstörung, deren Reste abgeräumt wurden. Mit der Zuschüttung der Brunnen und der Zerstörung der aus Tierknochen bestehenden Opferstätten wurde die Existenz des Kultes im Kern getroffen und das Heiligtum der Vergessenheit überantwortet.

Die Wasserträgerinnen der Artemis

Die exponierte Lage des Heiligtums an der Heiligen Straße und im Übergangsbereich zum Apollonbezirk sowie seine Bau- und Zerstörungsgeschichte in der Spätantike geben zu erkennen, daß es zu den bedeutenden Heiligtümern gehörte, die in Didyma überliefert sind. Nach den Einrichtungen – Felsbecken, Rinnen, Rohrleitungen und Brunnen – hat im Bereich dieses Heiligtums Wasser eine zentrale Rolle gespielt. Unter den Kulten von

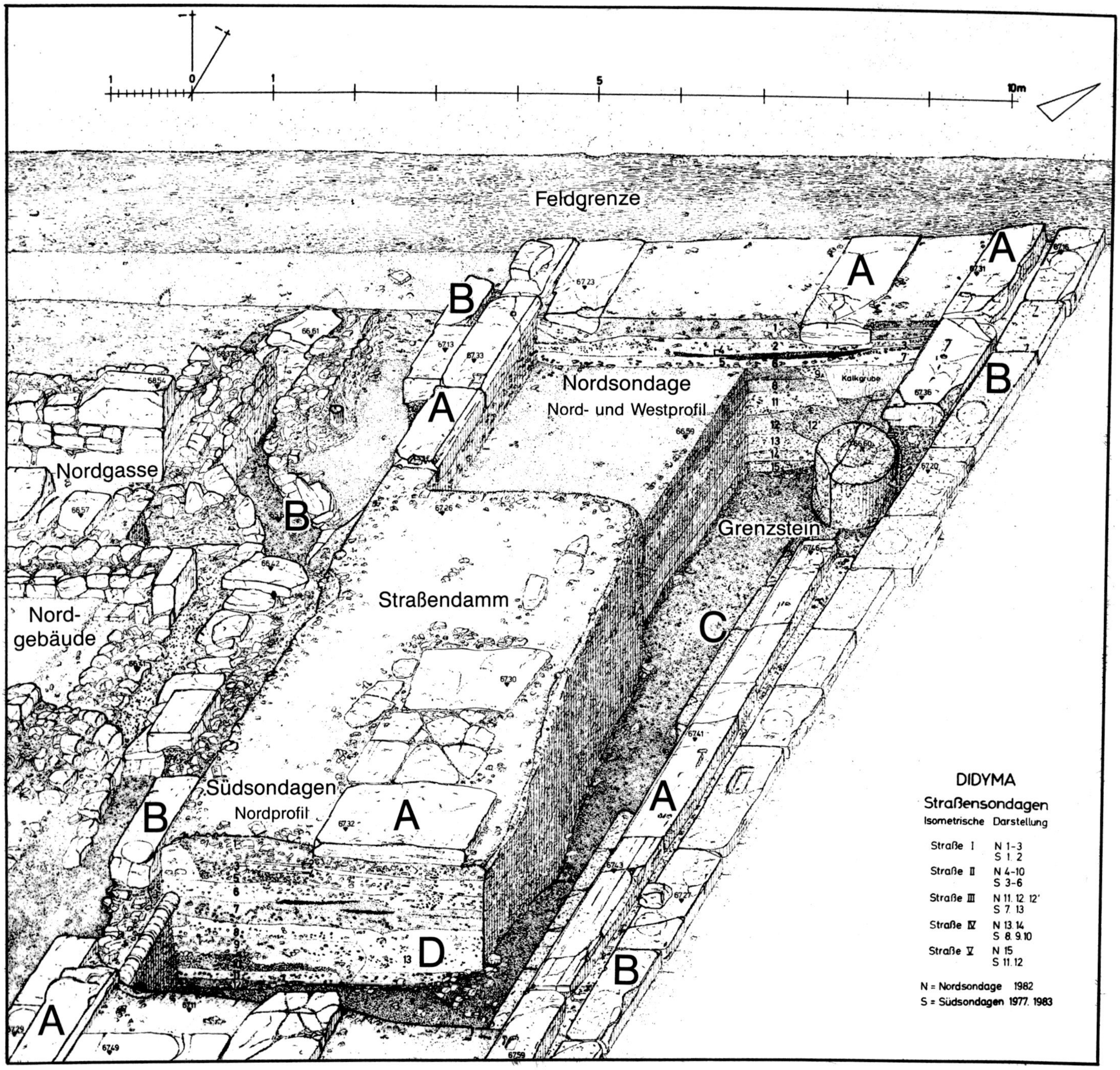

Abb. 55 Heilige Straße in Didyma. Sondagen der Straßen I–IV und Randbebauung. A: Straße I Randstein und Pflaster – B: Straße II und Hallenstylobate – C: Straße III mit Stützmauer – D: Straße IV mit ausgeraubter Stützmauer.

Didyma ist außer dem des Apollon der Kult der Artemis mit dem Wasser verbunden; auch hier handelt es sich um Süßwasser, dessen Vorkommen weit besser als im Apollonheiligtum zu beobachten ist. Die Rolle des Wassers im Artemiskult von Didyma ist in der Amtsbezeichnung ihrer Priesterinnen, den *Hydrophoren* oder Wasserträgerinnen, erhalten und in der einheimisch-anatolischen Erscheinungsform der mit einer weiblichen Gottheit verbundenen Quelle. Nach den Hydrophoren-Inschriften war das Artemisheiligtum ein *hieron,* dessen Merkmal Wasservorkommen sind. Ein *naos* als Tempel ist in Didyma für Artemis nicht überliefert. *Hydrophoren* als Amtsbezeichnung für Priesterinnen sind nur in Didyma und dort im Artemiskult bekannt. Sofern die Frage nach dieser Titulatur überhaupt gestellt wurde, erklärte man sie aus dem *«Zusammenhang . . . mit der Hydromantik des Orakels»*, d. h. aus dem Apollonkult. Nicht recht ins Bild fügte sich auch die Erwähnung von *«Zwillingsquellen»* in Didyma bei Kallimachos. Selbst wenn man den Einwand erhöbe, es handele sich dabei um eine Etymologie, entstanden aus *didymoi*, den göttlichen Zwillingen Apollon und Artemis, steht so viel fest, daß sich die Annahme von *«Zwillingsquellen»* nicht mit dem archäologischen Befund im Apollonheiligtum vereinbaren läßt. Soweit sich der schriftlichen Überlieferung über den Artemiskult in Didyma etwas abgewinnen läßt, wird die Existenz einer eigenen Kultstätte bezeugt und gewinnt durch den archäologischen Befund an Anschaulichkeit.

Zum archäologischen Befund im Heiligtum auf der Felsbarre und zur schriftlichen Überlieferung kommen Einzelfunde hinzu, die in den Bereich des Artemiskults weisen. Der Typus der Schöpfgefäße ist unter der Fundkeramik von Didyma geradezu eine Leitform, die geeignet ist, die von den Artemispriesterinnen versehene *Hydrophorie* sinnfällig zu machen. Ein Mädchenkopf archaischer Zeit, das Haar vollständig von einem knapp anliegenden Stoff verhüllt, während die Ohren nicht wie sonst vom kurzen Schleier bedeckt sind, zeigt wohl die Tracht einer Priesterin (Abb. 50). Deutlicher noch spricht der Fund eines Terrakottakopfes mit den Zügen der anatolischen Artemis für sich (Abb. 52).

Keimzelle des Kults war auf der Felsbarre wie im Apollonheiligtum eine Quelle. Konstitutiv für den Kult waren in beiden Heiligtümern Süßwasservorkommen in der Nähe einer Felsbank. Aufschlußreich ist die Gegenüberstellung

Abb. 56, 1–2 Doppelseitiger Inschriftstein zur Erneuerung der Heiligen Straße unter Kaiser Trajan, datiert 100/101 n. Chr. – 1. Lateinischer, 2. Griechischer Text.

Abb. 57, 1–2 1. Archaischer Grenzstein des Heiligtums von Branchidai im Nordwesten. Von Straße II im 1. Jh. v. Chr. überbaut. – 2. Das Ende der trajanischen Pflasterstraße (I) vor Eintritt in den Apollonbezirk an der modernen Hauptstraße, 1990.

beider Heiligtümer aus der Gründungszeit (vgl. Abb. 27 und 42). Die Parallelität beider Kultgründungen ist im archäologischen Befund wie in der schriftlichen Überlieferung bemerkenswert. Erinnern wir uns an die Kultlegende: Sie überliefert für die Frühzeit von Didyma die Verbindung von Quelle und Leto und trägt lokale Züge, die von einer weiblichen Gottheit bestimmt sind. Vor diesem Hintergrund ist die Aufnahme Apollons in den Kult zu sehen. Durch ihn erhielt Didyma seine überregionale Anziehungskraft; sein Ruf als Orakelstätte war um die Mitte des 6. Jahrhunderts v. Chr. gefestigt. Der ummauerte Quellbezirk wurde zu dieser Zeit von einem Neubau abgelöst und erstmals mit einer Ringhalle ausgestattet. Das Heiligtum der Artemis auf der Felsbarre hingegen hat seine altertümliche Gestalt bewahrt, aber auch seine lokale Bedeutung (Abb. 53).

2. Die Heilige Strasse von Milet nach Branchidai-Didyma

Die Prozession von der Polis zum Heiligtum

Die Länge dieser 6–7 m breiten Straße von Milet nach Didyma beträgt über 20 km und entspricht damit etwa der Heiligen Straße von Athen nach Eleusis (Abb. 54). Soweit bekannt, war die Straße beiderseits mit Randsteinen eingefaßt. Außerhalb des Heiligtums ist die Trasse über dem Fels geglättet, sonst mit kleinteiligem Materialgemisch befestigt. In den bergigen Abschnitten verläuft die Straße hangseits; so zeigt Abb. 60 einen längeren, von uns freigelegten Abschnitt dieser Überlandstraße.

Straßenverbindungen zwischen einer Stadt und einem außerstädtischen Heiligtum sind aus dem Altertum bekannt, aber noch wenig erforscht. Zielpunkt war stets das Heiligtum. Die Bestimmung solcher Straßen bestand nicht in der Erschließung zweier Orte für wirtschaftliche Transportzwecke; sie bestand in der Anbindung an ein außerhalb gelegenes Heiligtum und der Absicht, sich damit seiner Kräfte zu versichern, was schon aus der Bezeichnung «*Heilige Straße*» hervorgeht. Die Bindung wurde beispielsweise in einer Kultsatzung festgelegt, die eine Prozession vorschrieb und der Gottheit des außerstädtischen Heiligtums galt. Der Aufwand, den eine solche Überlandstraße als Bauwerk und im Kult verankerte Institution erforderte, reflektiert die Bedeutung des außerstädtischen Heiligtums.

Abb. 58, 1–2 Heilige Straße, zwei Votivkapitelle, links in Fundlage. 6. Jh. v. Chr.

Die Bauzeit der Heiligen Straße

Zu Anfang des Jahrhunderts hatte Paul Wilski den Straßenverlauf außerhalb von Milet in mehreren Abschnitten festgestellt. Der Ausgangspunkt des Prozessionsweges in Milet am Delphinion war bekannt und innerhalb Milets wurde bei neueren Ausgrabungen eine erhebliche Abweichung des Straßenverlaufs gegenüber der Neuanlage der Stadt festgestellt, ohne daß sich daran weitere Untersuchungen angeschlossen hätten oder die Frage nach der Bauzeit gestellt wurde.

Abb. 59 Heilige Straße, Greifenprotome aus Bronze. 6. Jh. v. Chr.

Angeregt durch die neuen Ausgrabungen in Didyma, werden seit 1979 von Peter Schneider ergebnisreiche Untersuchungen zur Topographie der Straße durchgeführt, die durch eine Reihe von Sondagen ergänzt wurden. Am ergiebigsten waren sie innerhalb des Heiligtums. Nachzuweisen sind dort bis zu 16 Lagen, die sich vier Straßenbauten zuweisen lassen, als letzte unter Trajan eine Regulierung der bestehenden Straßenführung und eine Pflasterung in Didyma (Abb. 55 bei A und Abb. 56, 1–2). Die Stratigraphie stützt sich auf Keramik-, Münz- und Baubefunde. Die Straße war demnach kein seit unbestimmten Zeiten bestehender Laufhorizont, sondern eine projektierte Anlage mit einer eigenen Baugeschichte (Abb. 57, 1–2). Weihungen, die den Straßenrand säumten, wurden jüngst gefunden (Abb. 58, 1–2 und 59). Unerwartet für uns war, daß die Befunde aus den Sondagen des Straßenkörpers nicht älter als das 6. Jh. v. Chr. sind, d. h. jünger sind als die aus dem 7. Jahrhundert v. Chr. bekannten Anlagen im Heiligtum. Dies gab den Anstoß zu weiteren Fragen. *In welchem Verhältnis standen der Bau der Prozessionsstraße und der Seeweg als natürliche Verbindung zwischen Milet und Didyma? Was bedeutete eine Landverbindung zwischen dem Haupttheiligtum von Milet, dem Delphinion, und Branchidai-Didyma? Wer verfügte im 6. Jahrhundert v. Chr. in Milet zur Realisierung eines solchen Projekts über den Boden und über die Mittel? Und schließlich: In welchem Verhältnis standen Polis und Heiligtum in vorhellenistischer Zeit?* Ohne auf alle Fragen eingehen zu können, erhält man darüber einigen Aufschluß von den jüngsten Ausgrabungen.

Abb. 60 Paßhöhe der Heiligen Straße zwischen Milet und Didyma mit einem Kultbezirk *(Temenos)* im Bildhintergrund.

3. Ein Kultbezirk einer milesischen Adelsfamilie

Auf halbem Wege von Milet nach Didyma liegt am Westhang einer Schlucht und auf der Paßhöhe der Straße eine Anlage, die erst vor einigen Jahren nach einem der großen Macchienbrände entdeckt und ausgegraben worden ist (Abb. 60 und 61). Es ist ein von Mauern umgebener Bezirk von rund 90 auf 40 m Seitenlänge, ein *Temenos*, dessen Begrenzung der Hanglage folgt. Unterhalb davon führt die Straße vorbei (Abb. 62). Die besondere Bedeutung dieses Temenos besteht einmal in seiner exponierten Lage, zum andern darin, daß die Anlage in ihrer Substanz aus der Zeit des 6. Jahrhunderts v. Chr. erhalten blieb, bedingt durch den Zeitpunkt einer frühen Zerstörung, der nie wieder eine Bebauung gefolgt ist (Abb. 63).

Das Temenos – Festplatz und Gebäude

Das Temenos besteht aus einem größeren südwestlichen und einem kleineren nordöstlichen Teil; dazwischen führte ein Zugang von der Straße hangaufwärts (Abb. 65). Der südliche Teil war unbebaut, der nördliche terrassiert und mit verschiedenen Anlagen ausgestattet. Die

Abb. 61 Lage des archaischen Temenos auf der Paßhöhe. Ausschnitt von *Abb. 54.*

Abb. 62 Temenos auf der Paßhöhe der Heiligen Straße von SO.

Abb. 63 Temenos. Ballonfoto; rechts Antenbau.

Abb. 64, 1–2 Temenos, Terrassenmauer von SO. 1. Hang und Heilige Straße rechts. – 2. Ansicht mit Bau- und Verschüttungshorizont der beiden unteren Quaderlagen.

Terrasse bildet ein Geviert, das im Nordwesten von den Fundamentresten einer großen Halbkreisbasis begrenzt wird, im Nordosten von einem Breithaus, dem sogenannten Ostbau, und im Südosten von einer aus Kalksteinquadern errichteten, 27,5 m langen und ehemals über 3 m hohen Stützmauer oberhalb der Straße (Abb. 64, 1–2). Die Terrassenanlage liegt in der Achse eines Felssporns, der zu einem höher gelegenen Hangabschnitt überleitet. Westlich des Felssporns befindet sich auf dem höchsten Punkt des Bezirks ein Antenbau mit einem Vorplatz (Abb. 66). Der Antenbau liegt in Nord-

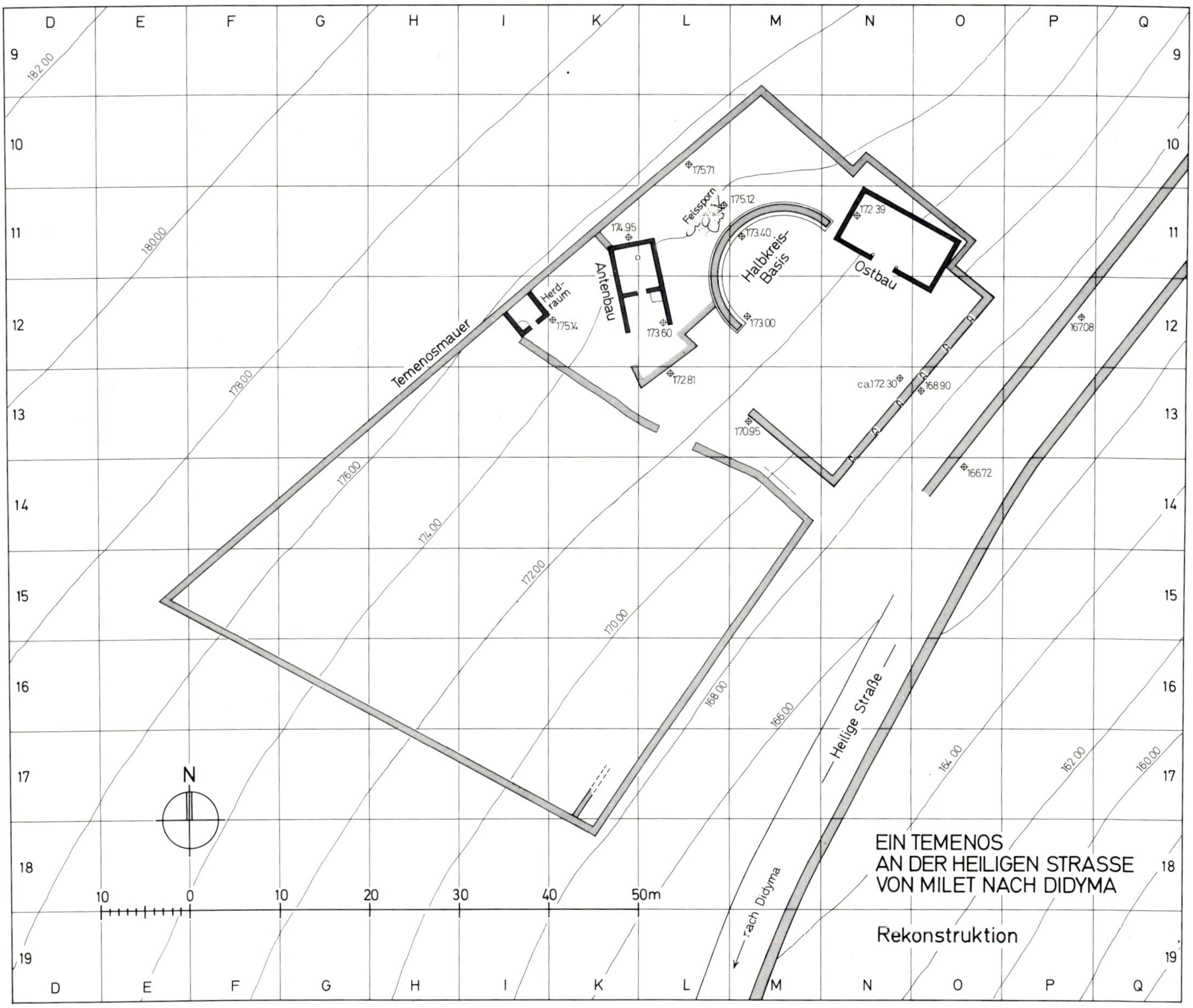

Abb. 65 Temenos, Grundrißrekonstruktion.

Abb. 66 Blick vom Temenos mit Antenbau und Heiliger Straße nach Didyma.

Abb. 67 Temenos, Ostbau, Quadersockel innen mit Estrich, von Süden.

Abb. 68 Ostbau, Dachdeckung. 1–2. Traufziegel und Stirnziegel mit Gorgoneion. 3. Firstdeckziegel.

südrichtung und abgewandt von der Terrasse; weiter westlich ein kleiner Bau mit einer Feuerstelle, dessen Rückwand die Temenosmauer gebildet hat.

Anten- und Ostbau haben einen Sockel aus Kalksteinquadern mit Lehmziegelwänden, die als formlose Masse erhalten waren (Abb. 67). In dieser Masse befand sich beim Ostbau das herabgestürzte, überraschend gut erhaltene Tonziegeldach. Unter den über 6000 geborgenen Fragmenten sind sämtliche Dachziegelformen vom Traufrand bis zu den Firstdeckziegeln nachweisbar (Abb. 68, 1–3 und 69). Das Dach läßt sich bis in die Farbgebung schwarz- und rotbrauner Partien und in die Feinheiten seiner metrologischen Planung wiederherstellen. Es ist das erste archaische Tonziegeldach, das in dieser Vollständigkeit aus Ostionien bekannt wird (P. Schneider).

Die Bestimmung von Anten- und Ostbau läßt sich nur bedingt aus dem Typus ableiten und jedenfalls nicht, ohne den örtlichen Zusammenhang zu berücksichtigen. Antenbauten sind in archaischer Zeit auch aus Siedlungen bekannt; die Vorstellung davon als Haus für Zusammenkünfte war demnach geläufig. Nach seiner Lage scheint der Antenbau bei den im Temenos begangenen Handlungen eine andere Rolle gespielt zu haben als der etwas später errichtete Ostbau am Rande der Terrasse. Mit einer Größe von etwa 12 auf 7 m bot dieses Breithaus Platz für eine Versammlung, die durch eine über $2^{1}/_{2}$ m breite Tür in der Frontmitte mit den Vorgängen auf der Terrasse verbunden war. Über das Inventar, soweit es sich nicht um Keramikfunde handelt, läßt sich nur spekulieren: vor der Zerstörung wurden beide Bauten bis auf den gestampften Lehmestrich ausgeraubt.

Zwei Statuengruppen – Sitzbilder und Sphingen

Ähnlich wie die Baureste konzentrierte sich der übrige Befund auf den Bereich der Terrasse: dort besonders in Nähe der Halbkreisbasis zahlreiche, meist stark zerschlagene Torsen und Fragmente von männlichen und weiblichen Sitzstatuen (Abb. 70 und 71). Kennzeichnend für diesen Befund ist der hohe Zerstörungsgrad. Es ist die gleiche Art der Zerstörung wie bei den Bauten: Es handelt sich nicht um eine Brandzerstörung wie von kriegerischen Anlässen bekannt, sondern um eine gewaltsame Demolierung, bei der das Temenos zerstört wurde.

Die Sitzenden sind auf einem Thron mit Armlehnen dargestellt. Dieser Typus

Abb. 69 Ostbau, Wiederherstellungsversuch der Dachdeckung.

Abb. 70 Männliche Sitzfigur.

Abb. 71 Weibliche Sitzfigur.

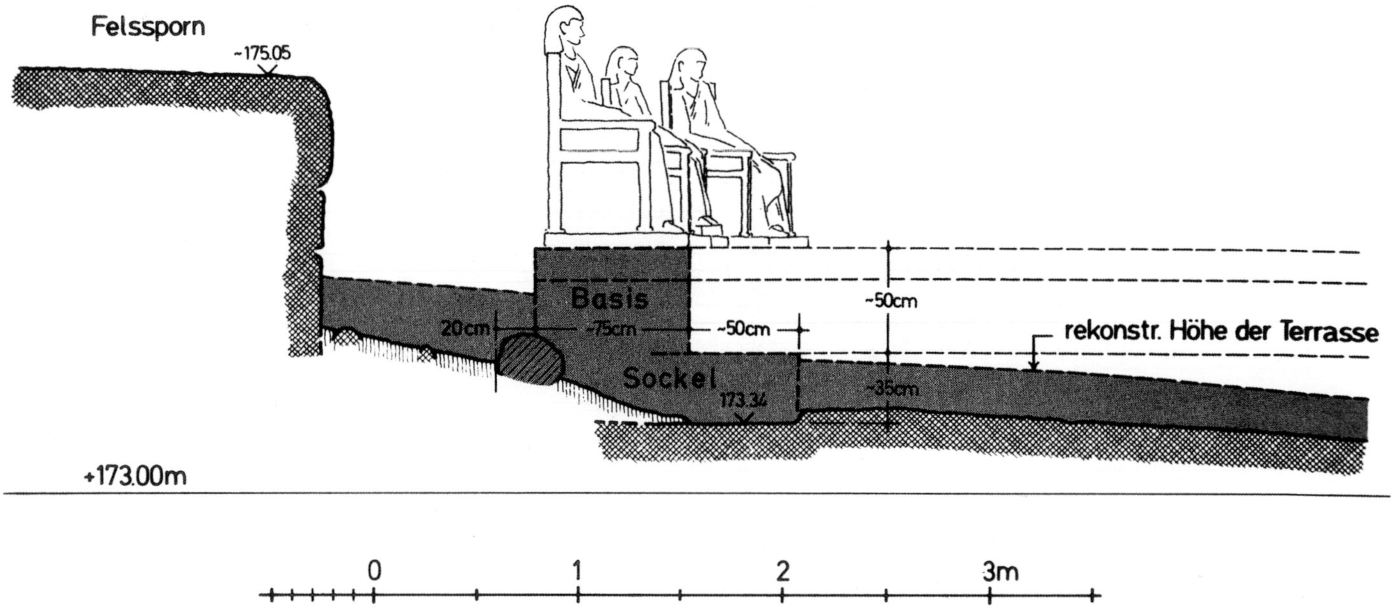

Abb. 72 Halbkreisbasis mit männlichen und weiblichen Sitzfiguren auf der Terrasse des Temenos, Rekonstruktion.

des Sitzbildes ist führend in der archaischen Plastik von Milet und Didyma und wird hier erstmals im Kontext mit seiner ursprünglichen Aufstellung bekannt. Die Sitzstatuen standen auf der Halbkreisbasis (Abb. 72). Eine Mindestanzahl von zehn Sitzfiguren ist nachgewiesen. Bei einer rekonstruierten Basislänge von knapp 23 m in der Abwicklung sind knapp zwei Drittel dieser Statuengalerie erhalten.

Eine zweite Gruppe archaischer Skulpturen wurde unterhalb der Stützmauer gefunden: Es handelt sich dabei um die Torsen von sechs Sphingen. Die Sturzlage am Fuß der Terrassenmauer gibt nicht nur über den einstigen Standort der Sphingen auf der Terrassenmauer Aufschluß (Abb. 74), sondern auch über den Zeitraum der Zerstörung. Die Fallseiten sind weitgehend erhalten (Abb. 76 und 78), die anderen hingegen haben eine korrodierte Oberfläche; sie war nach dem Sturz längere Zeit der Verwitterung ausgesetzt (Abb. 77 und 79). Der unterschiedliche Erhaltungszustand läßt sich chronologisch ausmünzen. Die gut erhaltenen Fallseiten lassen eine relativ kurze Zeitspanne zwischen der Aufstellung der Skulpturen und ihrem Sturz erkennen.

Sphinxskulpturen waren in der archaisch-griechischen Freiplastik Kleinasiens bisher nicht bekannt. Wir kennen sie sonst nur als Einzelmonumente. Hier handelt es sich um eine Gruppe von sechs Sphingen, deren Vielzahl dem Bild der Sphinx eine neue Bedeutung gibt. Als Reihung von Tierbildern, aber auch von der Situation her drängt sich der Vergleich mit der Löwenterrasse von Delos am Rand der zum Letoon führenden Straße auf. Die Bedeutung der Vielzahl spielt auch bei den Sitzfiguren auf der Halbkreisbasis eine Rolle. Der Rang der Sitzenden wurde noch durch die Aufstellung im Halbkreis und in der Achse der Anlage erhöht. Eine solche Aufstellung ist eigentümlich und entspricht nicht der herkömmlichen Plazierung archaischer Statuen in Heiligtümern. Hier lag offenbar eine Planung vor, bei der eine vielfigurige Statuengruppe zum Mittelpunkt einer Anlage wurde, einem theatron-ähnlichen Platz, wie er von Orten bekannt ist, an denen Zuschauer einer Handlung beiwohnten, während der unbebaute Hang im Südwesten des Bezirks der Rast

Abb. 73 Situationsskizze des Temenos an der Heiligen Straße, von Süden.

gedient haben mag. Die Art der Aufstellung und der Typus des Sitzbildes weisen auf Angehörige aus dem Kreis einer der führenden Familien hin, deren Ansehen durch die große Anzahl der Statuen auf gemeinsamem Bathron (Unterbau) noch gesteigert wurde.

Vielzahl und Standort bei den Sitzfiguren am Rande eines Festplatzes sind Zeichen der machtvollen Stellung des am Ort verehrten Geschlechts. Möglicherweise finden in diesem Vorstellungskreis auch die Sphingen eine Erklärung (Abb. 75). Daß wir uns damit nicht einer spekulativen Vorstellung hingeben, erfahren wir aus Herodot (IV 79.2): Der skythische König Skyles lebte nach griechischer Sitte und ließ sich in Olbia, einer milesischen Kolonie am Schwarzen Meer, einen ‹Palast› bauen, der von marmornen Sphingen und Greifen umstanden war.

Die Bestimmung des Temenos als Kultbezirk für eine milesische ‹Adelsfamilie› wird durch seine außerstädtische Lage und das Fundinventar nahegelegt. Mittelpunkt war bei diesen Kultstiftungen ein gemeinsames Mahl. Mit dem Mahl stellt sich die Frage nach der Opferstätte. Tierknochenfunde als Reste von Opfermahlzeiten wurden nirgends festgestellt. Hingegen nehmen unter der Fundkeramik große Schüsseln und Amphoren zahlenmäßig einen bestimmenden Anteil ein, während Kochgeschirr bis auf geringe Reste von Töpfen fehlt, was wiederum auf unblutige Gaben schließen läßt.

Abb. 74 Sphinx (C), in Sturzlage am Fuß der Terrassenmauer.

Fragen nach dem Anlaß zur Errichtung und Zerstörung des Temenos

Der Anlaß, der zur Anlage dieses Bezirks führte, wird mit dem Bau der Heiligen Straße zusammenhängen. Hinweise auf einen älteren Kult wurden nicht festgestellt. Nach der Datierung der Skulpturen, die durch den übrigen Befund bestätigt wird, wurde der Bezirk gegen 530 v. Chr. errichtet. Die Stifter unseres Temenos sind im Kreis der großen milesischen Familien zu suchen. Die exponierte Lage auf der Paßhöhe bei einem Felssporn und auf halbem Wege zwischen Stadt und Heiligtum, von der man erstmals einen Blick auf das Ziel der Prozessionsstraße, Branchidai-Didyma, hat,

Abb. 75 Aufstellung von vier Abgüssen der Sphinxskulpturen in Didyma, K. von Woyski und P. Schneider.

Abb. 76 Sphinx (C), Fallseite.

Abb. 77 Sphinx (C), Oberseite.

Abb. 78 Sphinx (E), Fallseite.

Abb. 79 Sphinx (E), Oberseite.

Abb. 80 Ansicht von Kap Monodendri (Tekağaç), 1979.

Abb. 81 Bauglieder vom ‹Altar› bei Kap Monodendri.

Abb. 82 Bauglied vom ‹Altar› bei Kap Monodendri.

dürfte bei der Wahl des Ortes eine Rolle gespielt haben. Die Zerstörung erfolgte bereits im 5. Jh. v. Chr., ohne daß sich das Zerstörungsdatum innerhalb dieses Jahrhunderts archäologisch näher bestimmen ließe. Es kann frühestens in die Zeit der Perserkriege fallen und wäre ein rares, weil durch spätere Eingriffe unverändertes Zeugnis dieser Ereignisse. Wenn die Bestimmung des Temenos im Kreis milesischer Adelsfamilien zu suchen ist, so scheint die Annahme geradezu verlockend, daß die Zerstörung durch die Perser erfolgte und dabei an die Umgebung, wenn nicht sogar an die Familie der abtrünnigen Anstifter des ionischen Aufstands zu denken ist. Allerdings bliebe zu fragen, warum kein späterer Wiederaufbau erfolgt ist.

Eine andere Erklärung bestünde darin, die Ursache der Zerstörung in einer Katastrophe zu suchen, der Angehörige der milesischen Oligarchie zum Opfer fielen. Unter den wenigen Zeugnissen zur Geschichte Milets im 5. Jahrhundert v. Chr. kommt die Ächtung oligarchischer Familien in Betracht. Bekannt sind Verfolgungsmaßnahmen, die sich gegen die führenden Oligarchen und deren Nachkommen richteten: Konfiszierung des Vermögens und Aussetzung eines Kopfgeldes für die Ermordung der Geächteten. Diese Überlieferung wird Ereignissen in den 470er Jahren oder anläßlich der von Athen um 450 v. Chr. gewaltsam durchgesetzten Einführung demokratischer Institutionen zugewiesen. Die Zerstörung des Temenos trägt nicht die Züge eines kriegerischen Überfalls, wohl aber die Zeichen einer Schändung, die sich vor allem gegen die Bildnisse der dargestellten Männer und Frauen richtete. Übereinstimmen mit einem solchen Ereignis würden die frühe Zerstörungszeit, das Fehlen aller Spuren einer Erneuerung und daß die Polis den Ort der Verwüstung preisgab (Abb. 73).

IV. Kultstätte, Lokalität, Altar und Opfer

Wie eingangs schon festgestellt, können beim ungleichen Stand unseres Wissens über Heiligtümer in Ionien Einzelergebnisse nicht zu allgemeineren Aussagen führen, was namentlich für die vorhellenistische Zeit gilt. So läßt sich etwa die Frage nicht ausreichend beantworten, ob Tempelarchitektur in den vorhellenistischen Heiligtümern Ioniens eine bestimmende Rolle gespielt hat. Gemessen an den drei archaischen Großbauten von

Abb. 83 Heilige Straße, Grenzstein vom Temenos eines Aristodemos, um 300 v. Chr.

Abb. 84 Rundaltar. 6. Jh. v. Chr.

Samos, Ephesos und Didyma wird der im 5./4. Jahrhundert v. Chr. fehlende Tempelbau als Lücke empfunden und gern mit den Folgen der Perserkriege und der persischen Oberherrschaft erklärt. Dies ist möglich. Indessen kann man sich ebenso fragen, inwieweit eine solche ‹Lücke› nicht Verhältnisse wiedergibt, die auf die dort noch wenig bekannten Strukturen vorhellenistischer Heiligtümer zurückzuführen sind.

Zur Frage der tempellosen Heiligtümer in Ionien

Vor Beginn der neuen Ausgrabungen in Didyma wurde die Frage nach dem Verhältnis von Tempel und Heiligtum gestellt. Die bisher erzielten Ergebnisse führen zur Präzisierung der Fragestellungen nach dem Verhältnis von Kultstätte, Lokalität, Altar und Opfer. Betrachtet man unter diesen Aspekten die Ergebnisse der Ausgrabungen, so zeichnet sich in der Anlage der Kultstätten ein gemeinsamer Grundzug ab: der ummauerte Bezirk. In diese Reihe gehören weitere Anlagen an der Heiligen Straße und die von Strabon (XIV 1,5) in Didyma überlieferten «anderen Bezirke», *alloi sekoi;* sodann das Delphinion in Milet und möglicherweise der sogenannte *Altar* bei Kap Monodendri (heute Tekağaç), einer Kultstätte des Poseidon, unweit von Didyma (Abb. 80–82). Beide Heiligtümer haben eine erneute systematische Untersuchung verdient. In diese Reihe gehört auch das Panionion, das Bundesheiligtum der Ionier und Bezirk des Poseidon Helikonios, außerstädtisch und am Nordhang der Mykale gelegen. In ihm suchten die Ausgräber vergeblich nach einem Tempel. Inschriftlich und literarisch sind solche ‹tempellosen Heiligtümer› häufiger überliefert; mangels architektonischer Substanz gelingt es dagegen seltener, diese Anlagen unter den sonst bekannten Heiligtümern nachzuweisen (Abb. 83). Die Frage scheint deshalb nicht gegenstandslos, welchen Anteil diese Bezirke an den Kultstätten in Ionien hatten und ob dieser Anteil im Verhältnis zu Tempelbauten zumindest in vorhellenistischer Zeit bestimmend gewesen ist. Die Frage nach dem Standort stellt sich überdies bei der großen Gruppe milesischer Wangen- und Volutenaltäre.

Es bleiben – und dies in aller Kürze – die *Elemente,* die zu einer Kultgründung geführt haben, zu betrachten, sodann die *Lokalitäten* der Heiligtümer und ihre *Einrichtungen* sowie die *Altarfrage* und das *Opfer.*

Zum Verhältnis von Bezirk und Altar

Die *Elemente*, die zu einer Kultgründung geführt haben, waren verschieden; soweit bekannt, waren Naturmale konstitutiv für den Kult, in Didyma Süßwasservorkommen in Nähe einer Felsbank. Verschieden waren auch die *Lokalitäten:* innerhalb der Stadt Milet als Bezirk des Apollon Delphinios und zentrales Heiligtum der Polis, regional in den Kulten von Didyma und außerstädtisch als Temenos an der Heiligen Straße.

In diesen Bezirken waren *Einbauten* wie der Naiskos im Apollonheiligtum, die Einrichtung von Anlagen auf der Felsbarre oder im Temenos an der Heili-

Abb. 85 Apollonheiligtum, Rundaltar. 6. Jh. v. Chr.

gen Straße insofern komplementär, als sie keinen Kult begründeten. Unter den Voraussetzungen, die zur Gründung eines Temenos geführt haben, war auch das Bild einer Gottheit – sofern überhaupt vorhanden – komplementär, z. B. als Votiv. Unter diesem Aspekt ist die *Altarfrage* zu betrachten. In keinem der drei Heiligtümer werden Altäre gefehlt haben, konstitutiv für den Kult, etwa in der Art sich durch ständigen Abfall vergrößernder Brandopferältäre, waren sie innerhalb der Temenosumgrenzung nicht (Abb. 84 und 85). Bei einer Lokalisierung von Altären im Kulthof des Apollonheiligtums ist bei der Anlage des Kernbaues und der Situation seiner Zugänge nicht damit zu rechnen, daß im Adyton Schlachtungen vollzogen worden sind, schon gar nicht solche von den in Didyma aus den Inschriften bekannten Massenopfern (Abb. 17). Auch darin, und nicht nur in räumlicher Hinsicht, gibt sich der Rundbau im Apollonheiligtum als eine eigene Kultstätte zu erkennen (Abb. 30). Wenn die Identifizierung des Rundbaues mit dem literarisch überlieferten Altar, den nach milesischer Legende der thebanische Herakles in Didyma aus dem Blut der Opfertiere gebaut haben soll (Pausanias V 13, 11), richtig ist, so folgt daraus die Kultgründung eines Heros, der in für uns keinem erkennbaren Zusammenhang mit dem karischen Quellheiligtum steht, was wiederum den Rundbau als eine eigene Kultstätte kennzeichnen würde. Selbst wenn keine Identität mit dem von Pausanias erwähnten Altar besteht, vergrößert sich der Problemkreis: Denn inwieweit enthält diese Überlieferung einen Kern, der auf eine ursprünglich mit Herakles verbundene Kultgemeinschaft hinweist? Etwa so, wie die Branchiden mit dem Quellbezirk und seinem von Apollon begründeten Orakel verbunden waren?

Der Opferbrauch nach dem Zeugnis des Grabungsbefundes

In Zusammenhang mit der Altarfrage steht die *Art des Opfers.* Im Temenos an der Heiligen Straße hat das Tieropfer keine Rolle gespielt. Das Mahl bestand offenbar aus ungekochten Speisen und Backwerk. Im Artemisheiligtum hingegen wurden Tierknochenfunde zentnerweise geborgen und von Professor J. Boessneck als Reste von Schlachtopfern, Rindern, Schafen, Ziegen, seltener von Schweinen, erkannt. Die Masse konzentrierte sich im Bereich der Felsbarre, allerdings zumeist in sekundärer Deponierung als Kanal- und Brunneneinfüllungen. Die Auswahl und die Erhaltung der Skeletteile bestätigt nicht die herkömmliche Vorstellung von einem Brandopfer, vielmehr wurde festgestellt, daß die Knochen nicht zerschlagen, sondern roh abgefleischt worden sind und von Brand unberührt waren. Der gute Erhaltungszustand nicht zerschlagener, für Brat- oder Kochzwecke nicht verwendeter Knochen läßt vermuten, daß nach der Schlachtung bestimmte Skeletteile ausgewählt und im Heiligtum gesammelt und niedergelegt worden sind. Eine solche Aufbewahrung von Tierknochen, die keine Speisereste von Opfermählern sind, war ein dauerhaftes und wohl auch zur Schau gestelltes Zeichen dargebrachter Opfer, das nicht ohne Beispiele ist; es läßt sich im weiteren mit dem Opferbrauch vergleichen, das Gehörn zu deponieren, meist von Ziegen und Schafen, so auch in Didyma trotz des hohen Anteils von Rindern. Im engeren scheinen lokale Zusammenhänge zu bestehen. Das *«Karikon thyma»*, das *«karische Opfer»,* bestand aus *«fleischlosen oder nicht eßbaren Gliedern (Gliedmaßen)»* und entspräche damit dem angetroffenen Befund, bei dem abgefleischte

Skeletteile roh und unverbrannt niedergelegt wurden. Der Brauch, bestimmte Teile oder Reste des Tieropfers zu sammeln und im Heiligtum zu verwenden, weist in den Bereich der aus Hörnern, Asche oder Blut gemachten Altäre, die bei wachsender Menge eine Einfassung erhielten. Das Mahl scheint in der näheren Umgebung stattgefunden zu haben, wenn man dies aus der großen Menge von Koch- und Tafelgeschirr unter der Fundkeramik schließen kann. Wo freilich die Schlachtung und die Verteilung stattfanden, wissen wir nicht, ebenso nicht, inwieweit die Prozeduren des *Brandopfers* eine Rolle gespielt haben, vor allem *was* dafür in Betracht kam und bei welchem Anlaß, schließlich ob das auf der Felsbarre nachweisbare Ritual auch sonst in Didyma galt. Der Befund warnt auch hier vor Analogieschlüssen bei Opferritualen, und gleicherweise folgt daraus, daß in der Regel keine Schlüsse über das dargebrachte Opfer oder das Ritual allein aus der Architektur eines Altars zu ziehen sind.

Soweit bekannt, war in Didyma der ummauerte Bezirk als Sekos oder Temenos die Grundform der Heiligtümer; die schriftliche Überlieferung nennt nur einen *naos,* den Tempel des Apollon. Doch entspricht seine Anlage in den Grundzügen den einheimischen Heiligtümern, auch in den kultlichen Elementen, die eine ursprüngliche Verbindung von Fels und Quelle mit einer weiblichen Gottheit enthalten. Die didymeische Kultlegende vom Beilager des Zeus und der Leto enthält einen Kern, der die Quellvorkommen auf dem wasserarmen Kalkplateau mit einer weiblichen Gottheit verbindet. Neben Apollon sind Leto, die kleinasiatische Artemis und die in Karien verehrte Hekate die drei lokalen, seit dem 6. Jahrhundert v. Chr. in Didyma nachweisbaren Gottheiten. Insoweit sind die Grundzüge einheimisch und essentiell für das Verständnis dieses Heiligtums in Ionien.

Abb. 86 Orakelanfrage des Schatzmeisters Hermias, unten Waage und Geldbeutel als Amtszeichen. 3. Jh. n. Chr. Der Text lautet: *Schatzmeister Hermias stellt die Frage: Der Altar der in deinem Heiligtum verehrten Tyche ist im sogenannten Paradeisos infolge der ringsum errichteten Gebäude eingeschlossen und wird deshalb von vielen nicht aufgesucht. Ist es daher wünschenswerter und besser und der Göttin willkommener, daß auch dieser Altar zusammen mit den übrigen Götter(altären) in den Altarkreis miteinbezogen wird, oder nicht? Der Gott erteilte das Orakel:* ALLEN DEN GÖTTERN SEI ACHTUNG GEZOLLT UND ALLEN VEREHRUNG! *Der fromme Schatzmeister Hermias, Sohn des Epagathos.*

(Übersetzung: W. Günther)

Das Manuskript geht auf eine Reihe von Vorträgen zurück; zusammengefaßt werden dort behandelte Themen, die einen Ausschnitt aus den Forschungen der Didyma-Grabung vermitteln. Anlaß zu einem kurzen Rückblick auf die Forschungsgeschichte geben die 225 Jahre, die sie in diesem Jahr in Didyma erreicht.

Adresse des Autors:

Prof. Dr. Klaus Tuchelt
Deutsches Archäologisches Institut
Podbielskiallee 69
1000 Berlin 33

Abbildungsnachweise

Die Vorlagen zu den Abbildungen 11. 27. 31. 32. 42. 43 bis 47. 49. 54. 61. 65. 72. 73 von P. Schneider. – Abb. 13. 15. 26 von L. Haselberger. – Abb. 17 nach Th. Wiegand – H. Knackfuß, Didyma I Z 145 Taf. 6–7. – Abb. 48 von Chr. Fischer-Wasels. – Abb. 55 von Chr. von Weichs. – Fotografische Aufnahmen der Abb. 3–8. 14–16. 18 bis 23. 30. 33–35. 38–41. 50–53. 56–60. 62–64. 66–71. 74–79. 81–86 sowie Titel- und Umschlagbilder von W. Schiele. – Reproduktionen P. Grunwald.

Literatur

Zum Forschungsstand vor Wiederaufnahme der Ausgrabungen im Jahre 1962 siehe die im Text genannten Veröffentlichungen; im folgenden zu den Arbeiten in Didyma seit 1962 mit weiterführender Literatur.

AUSGRABUNGEN UND FUNDE: H. Drerup – R. Naumann – K. Tuchelt, Bericht über die Ausgrabungen in Didyma 1962. *Archäologischer Anzeiger* (hier abgekürzt: AA) 1964, 333–383. – R. Naumann – K. Tuchelt, Die Ausgrabung im Südwesten des Tempels von Didyma 1962. *Istanbuler Mitteilungen* (hier abgekürzt: IstMitt) 13/14, 1963/64, 15–62. – K. Tuchelt, Didyma. Bericht über die Arbeiten 1969/70 und 1972/73. IstMitt 21, 1971, 45–108 und 23/24, 1973/74, 139–168. – K. Tuchelt u. a. Didyma. Bericht über die Arbeiten 1975 bis 1979 und 1980 bis 1983. IstMitt 30, 1980, 99–189 und 34, 1984, 193–344. – K. Tuchelt – P. Schneider – Th. Schattner – H. R. Baldus, Didyma. Bericht über die Ausgrabungen 1985 und 1986 an der Heiligen Straße von Milet nach Didyma. AA 1989, 143–217. – *Inschriftenfunde:* W. Günther, Eine neue didymeische Bauinschrift. IstMitt 19/20, 1969/70, 237–247; IstMitt 21, 1971, 97–108; Siegerinschrift eines Pankrationkämpfers in Didyma. IstMitt 27/28, 1977/78, 297–300; 30, 1980, 164–176. – R. Naumann, IstMitt 30, 1980, 179 (byzantinisch). – *Fundmünzen:* H. Gesche, IstMitt 21, 1971, 88–92. – H. R. Baldus, IstMitt 30, 1980, 160–163 und 34, 1984, 276–324; AA 1989, 204–206. – *Archäozoologische Funde:* J. Boessneck – A. von den Driesch, Tierknochenfunde, Schneckengehäuse und Muschelschalen aus Didyma AA 1983, 611–672. – J. Boessneck – J. Schäffer, Tierknochenfunde aus Didyma II. AA 1986, 251–301.

TOPOGRAPHISCHE STUDIEN: K. Tuchelt, Vorarbeiten zu einer Topographie von Didyma. Eine Untersuchung der inschriftlichen und archäologischen Zeugnisse. IstMitt 9. Beiheft (1973). – K. Tuchelt, Tempel – Heiligtum – Siedlung. Probleme zur Topographie von Didyma *in: Neue Forschungen in griechischen Heiligtümern* herausgeg. von U. Jantzen (1976) 207–217. – P. Schneider, Zur Topographie der Heiligen Straße von Milet nach Didyma. AA 1987, 101–129. – P. Schneider, Didyma. Die Prozessionsstraße innerhalb des Heiligtums *in: Bericht über die 35. Tagung für Ausgrabungswissenschaft und Bauforschung vom 11. bis 15. Mai 1988 in Lüneburg (Koldewey-Gesellschaft 1990)* 22–33.

EINZELFORSCHUNGEN *zur archaischen und vorhellenistischen Zeit:* G. Gruben, Das archaische Didymaion. *Jahrbuch des Deutschen Archäologischen Instituts* (hier abgekürzt: JdI) 78, 1963, 78–177. – W. Hahland, Didyma im 5. Jahrhundert v. Chr. JdI 79, 1964, 142–240. – K. Tuchelt, Zeus und Leto in Didyma? Votivfragment eines thronenden Götterpaares. IstMitt 13/14, 1963/64, 57–62. – K. Tuchelt, Die archaischen Skulpturen von Didyma. Beiträge zur frühgriechischen Plastik in Kleinasien. *Istanbuler Forschungen* 27 (1970). – W. Voigtländer, Quellhaus und Naiskos im Didymaion nach den Perserkriegen. IstMitt 22, 1972, 93–112. – K. Tuchelt, Zwei gelagerte Gewandfiguren aus Didyma. *Revue Archéologique* 1976, 55–66. – P. Schneider, Untersuchungen an der Terrassenmauer im Apollon-Bezirk von Didyma. IstMitt 34, 1984, 326–343. – K. Tuchelt, Einige Neufunde archaischer Skulpturen aus Didyma *in: Archaische und Klassische Griechische Plastik* herausgeg. von H. Kyrieleis I (1986) 31–34. – K. Tuchelt, Fragen zum Naiskos von Didyma. AA 1986, 33–50. – K. Tuchelt, Einige Überlegungen zum Kanachos-Apollon von Didyma. JdI 101, 1986, 75–84. – K. Tuchelt, Die Perserzerstörung von Branchidai-Didyma und ihre Folgen – archäologisch betrachtet. AA 1988, 427–438. – P. Schneider, Aus einem archaischen Bezirk an der Heiligen Straße von Milet nach Didyma. Das Tonziegeldach des Ostbaues *in: Bericht über die 34. Tagung für Ausgrabungswissenschaft und Bauforschung (Koldewey-Gesellschaft 1988)* 16–19. – P. Schneider, New Information from the Discovery of an Archaic Tiled Roof in Ionia. Hesperia 59, 1990, 211–222. – K. Tuchelt, Ein archaischer Kesselträger *in: Festschrift Ekrem Akurgal III* (im Druck). – K. Tuchelt, Drei Heiligtümer von Didyma und ihre Grundzüge (in Druckvorbereitung).

Hellenistische und römische Kaiserzeit: K. Tuchelt, Skylla. Zu einem neugefundenen Tonmodel aus Didyma. IstMitt 17, 1967, 173–189. – W. Günther, Das Orakel von Didyma in hellenistischer Zeit. Eine Interpretation der Steinurkunden. IstMitt 4. Beiheft (1971). – K. Tuchelt, Weihrelief an die Musen. Zu einem Votiv aus Didyma. AA 1972, 87–105. – W. Voigtländer, Der Jüngste Apollontempel von Didyma. Geschichte seines Baudekors. IstMitt 14. Beiheft (1975). – K. Tuchelt, Zwei importierte Gefäße aus Didyma. IstMitt 26, 1976, 41–45. – L. Haselberger, Werkzeichnungen am Jüngeren Didymeion. IstMitt 30, 1980, 191–215. – L. Haselberger, Bericht über die Arbeit am Jüngeren Apollontempel von Didyma. IstMitt 33, 1983, 90–123. – L. Haselberger, Die Werkzeichnung des Naiskos im Apollontempel von Didyma *in: Bauplanung und Bautheorie der Antike* 4 (1984) 111–119 und zusammenfassend *in: Spektrum der Wissenschaft,* April-Heft 1985. – S. Pülz, Untersuchungen zur kaiserzeitlichen Bauornamentik von Didyma. IstMitt 35. Beiheft (1989). – U. Wintermeyer, Didyma. Die hellenistische und kaiserzeitliche Gebrauchskeramik. Typologie und Chronologie der Töpferwaren aus der Zeit vom 4. Jahrhundert v. Chr. bis zum 2. Jahrhundert n. Chr. (in Vorbereitung). – L. Haselberger, Seilkurve oder Ellipse? Zur Herstellung antiker Kurvaturen nach dem Zeugnis der didymeischen Kurvenkonstruktion. AA 1991 Heft 2 (im Druck).

Byzantinische Zeit: W. Müller-Wiener, Mittelalterliche Befestigungen im südlichen Ionien. IstMitt 11, 1961, 38–42. – U. Peschlow, Byzantinische Plastik in Didyma *und* Nachtrag zur byzantinischen Plastik in Didyma. IstMitt 25, 1975, 211–257 und 26, 1976, 143–147.

ZUSAMMENFASSUNGEN: K. Tuchelt *in: The Princeton Encyclopedia of Classical Sites* (1976) s. v. Didyma (mit Literatur bis 1975). – P. Schneider *in: Enciclopedia dell'Arte Antica. 2. Supplementband* s.v. Didyma (in Druckvorbereitung).

PROJEKTE UND BEARBEITER DER DIDYMA-GRABUNG: Baubefunde und Architektur: Dipl.-Ing. Peter Schneider, Dr. Ing. Lothar Haselberger; Fundkeramik: Dr. Ulrike Wintermeyer, Dr. Thomas Schattner; Fundmünzen: Dr. Hans Roland Baldus; Inschriftenfunde: Dr. Wolfgang Günther; Fotografische Aufnahmen: Wolf Schiele; Fundrestaurierung: Antje Tuchelt.

Verzeichnis der Didyma Wegweiser

Eine Serie aktueller Berichte von den Mitarbeitern der Didyma-Grabung erscheint seit 1984 in thematisch zwangloser Folge als *Didyma Wegweiser,* davon bisher 25 Folgen, weitere sind in Vorbereitung. Die *Didyma Wegweiser* informieren in Kurzform mit Abbildungen, Plänen, Literaturangaben über die Ergebnisse und den aktuellen Forschungsstand der Arbeiten in Didyma.

Wegweiser 1	Topographischer Überblick. 1987[2]
Wegweiser 2	Zur Geschichte des Heiligtums. 1987[3]
Wegweiser 3	Die Heilige Straße I. 1987[3]
Wegweiser 4	Das Artemisheiligtum in archaischer und hellenistischer Zeit. 1985[2]
Wegweiser 5	Das Artemisheiligtum in späthellenistischer und römischer Kaiserzeit. 1985[2]
Wegweiser 6	Das Apollonheiligtum in hellenistischer Zeit. 1987[2]
Wegweiser 7	Das Apollonheiligtum in früher und archaischer Zeit. 1987[3]
Wegweiser 8	Didyma in byzantinischer Zeit. 1984
Wegweiser 9	Didyma und seine Wiederentdeckung I (1765 bis 1858). 1987[2]
Wegweiser 10	Didyma und seine Wiederentdeckung II (1873 bis 1896). 1987[2]
Wegweiser 11	Antike Münzen aus Didyma. 1984 (Neudruck 1987)
Wegweiser 12	Antike Tonwaren aus Didyma I. Hellenismus und römische Kaiserzeit. 1984
Wegweiser 13	Das Kultbild der Artemis von Didyma. 1987[2]
Wegweiser 14	Das Apollonheiligtum. Altar und Weihgeschenkterrasse. 1985 (Neudruck 1987)
Wegweiser 15	Die archaischen Inschriften. 1985 (Neudruck 1987)
Wegweiser 16	Die Bauurkunden des Apollonheiligtums. 1990[2]
Wegweiser 17	Weihgeschenke im Spiegel der Schatzurkunden. 1985
Wegweiser 18	Die Orakelinschriften. 1985
Wegweiser 19	Fest, Spiele und Wettkämpfe. 1985
Wegweiser 20	Das Kultpersonal im Heiligtum von Didyma. 1985
Wegweiser 21	Werkzeichnungen des Apollontempels I. Ein Werkriß der Säulen. 1986
Wegweiser 22	Werkzeichnungen des Apollontempels II. Der Giebel- und Gebälkriß des Naiskos. 1986
Wegweiser 23	Werkzeichnungen des Apollontempels III. Das antike Zeichenverfahren. 1986
Wegweiser 24	Didyma und seine Wiederentdeckung III (1906 bis 1913). 1987
Wegweiser 25	Die Heilige Straße II. Die Prozessionsstraße innerhalb des Heiligtums. 1990

Autoren: K. Tuchelt, Wegweiser 1–10.13.24. – H. R. Baldus, Wegweiser 11. – U. Wintermeyer, Wegweiser 12. – P. Schneider, Wegweiser 14.25. – W. Günther, Wegweiser 15–20. – L. Haselberger, Wegweiser 21–23.

Stand März 1990. – Didyma-Wegweiser, Einzelpreis DM 1,50

Auf den nachfolgenden Seiten 55–64:

Faksimile-Wiedergaben der Didyma-Wegweiser Nr. 16, 23 und 25 (jeweils leicht vergrößert).

AUSGRABUNGEN DES DEUTSCHEN ARCHÄOLOGISCHEN INSTITUTS

Die Bauurkunden des Apollonheiligtums

Abb. 1. Die ersten drei Zeilen des Bauberichts aus dem Amtsjahr des Lyses (um 170 v. Chr.). Marmorstele (Foto nach Abklatsch)

Der Archäologe und der Bauhistoriker finden bei der Erforschung des Apollonheiligtums, wie es sich heute mit seinem Riesenbau darbietet, außergewöhnlich günstige Bedingungen vor. Grabungsbefund und Erhaltungszustand im Ganzen ebenso wie das an einzelnen Abschnitten noch feststellbare jeweilige Baustadium vermitteln Einblicke in die über mehr als sechs Jahrhunderte (vom 4. Jh. vor bis ins 3. Jahrhundert nach Chr.) sich hinziehende, von Phasen wechselnder Aktivität und Stagnation geprägten Baugeschichte (**WEGWEISER 6**). Dadurch eröffnen sich aber auch Einblicke in die kultische Funktion der einzelnen Teile des zugleich als Orakelstätte berühmten Apollonheiligtums und - nach der jüngsten Entdeckung der Werkzeichnungen auf den Innenwänden (**WEGWEISER 21 - 23**) - sogar in die Bauplanung und Baupraxis.

Die über die Baugeschichte informierende inschriftliche Überlieferung ist lückenhaft. Sie kann deshalb nur indirekt die Frage nach dem Beginn des hellenistischen Neubaues (Tempel III) beantworten, da die frühesten erhaltenen, auf Stein überlieferten Dokumente erst für das Jahr 300/299 v. Chr. vorliegen. Ihr Bericht über Verhandlungen Milets am seleukidischen Königshof und die daraus resultierende Zusage einer großzügigen finanziellen Unterstützung setzen bereits laufende Bauarbeiten voraus. Auch die zahlreichen, jedem Besucher, der den Tempel über die Freitreppe der Ostfront betritt, sofort ins Auge fallenden Inschriften am Bau selbst, die sog. Steinmarken, helfen in dieser Frage nicht weiter; es handelt sich um Zeugnisse der Arbeitsorganisation und der Abrechnungsweise. Die ergiebigsten Dokumente aber sind die Bauberichte, Inschriften auf Stein, die im Heiligtum öffentlich zugänglich waren. Sie geben Aufschluß über Bauleistung und Kosten eines Jahres und liefern auch eine Reihe absoluter Daten, die für die Chronologie des Baues die Basis bilden (**Abb. 1**).

Da die Bauleistungsberichte die jährliche Abrechnung der Tempelverwaltung mit der Stadt Milet waren, die als Eigentümerin des Heiligtums und als Bauunternehmerin den jährlichen Etat zur Verfügung stellte, werden diese Aufzeichnungen in den Inschriften als "*Rechenschaftsberichte*" *(apologismós)* bezeichnet. Stets nennen sie deshalb im Präskript den jährlich wechselnden höchsten Beamten von Milet, den *Stephanephoros*, der dem milesischen Jahr seinen Namen gab; danach folgen als Repräsentanten des Heiligtums der Oberpriester *(Prophetes)* und die beiden für die Kassenführung verantwortlichen Haushaltsbeauftragten *(Tamiai)*, schließlich der den Bau leitende Architekt und der die Bauaufsicht führende Kommissar *(Epistates)*.

Urkunden im strengen Wortsinn sind diese Dokumente freilich insofern nicht, als sie Auszüge aus den unwiederbringlich verlorenen Originalakten des Archivs sind. Mehrere Berichte bringen eine penible Auflistung sämtlicher versetzter Steine mit genauer Angabe der Position, ihrer Maße und Kosten, während andere Abrechnungen resümierend lediglich die wichtigsten Bauleistungen ohne Spezifikation aufführen.

Als Arbeitskräfte nennen die Bauberichte ausschließlich Unfreie, tempeleigene Sklaven. Häufig wird freilich, dieses nach den Zeugnissen des 3. und 2. Jahrhunderts v. Chr. zwischen dreißig und vierzig zählende Stammpersonal, nicht ausgereicht haben, so daß man zusätzliche, ebenfalls unfreie Arbeiter anmietete. Für die Annahme einer solchen Arbeitsorganisation (A. Rehm) sprechen die zahlreichen am Bau befindlichen *Steinmarken* (**Abb. 2**). So besagt dort die Abkürzung IE, wenn sie allein steht, daß am Arbeitsgang nur "*Sklaven des Heiligtums*" beteiligt waren. Treten sonstige, oft monogrammähnliche Namenszeichen hinzu, ist dies ein Hinweis auf zusätzliche, von der Bauverwaltung des Heiligtums ange-

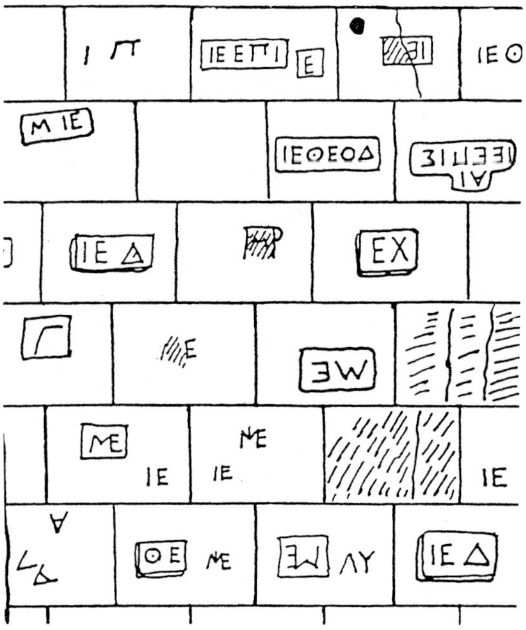

Abb. 2 und 3. Steinmarken an der Westwand und im Tunnelgang

mietete Sklaven fremder Eigentümer, die es bei der Abrechnung zu berücksichtigen galt (**Abb. 3**); dabei wurde nach Leistung entlohnt, nicht nach Arbeitszeit.

Für die Arbeitsgänge finden sich zwei handwerkliche Kategorien genannt: die im Heiligtum mit Versetzen und feinerer Bearbeitung befaßten Steinmetzen *(Leukurgoi)* und die für Brechen, erstes Behauen und Transport des Steinmaterials zuständigen Arbeiter *(Latomoi)* in den milesischen Marmorbrüchen. Deren Lage am Südufer des Bafa gölü (einst Latmischer Golf) bei Mersinet iskelesi konnte unlängst nachgewiesen werden. Von dort wurde das Material entlang der milesischen Halbinsel zum Hafen Panormos (heute Mavischehir) verschifft (**WEGWEISER 1 Abb. 3**), um dann ins Heiligtum hinaufgeschafft zu werden; dieser nur wenige Kilometer lange Landweg vom Hafen auf das 70 m hohe Plateau von Didyma beanspruchte den Hauptanteil der Transportkosten vom Steinbruch.

Da in zeitlich aneinander schließenden Urkunden, die über mehrere Jahre durchlaufenden Bericht geben, gerade auch markante Bauabschnitte erwähnt werden, gewinnt man eine Vorstellung über den Fortgang der Bauarbeiten (z.B. 225/24 - 223/22 und ca Mitte der 80er bis 1. Hälfte der 70er Jahre des 2. Jahrhunderts v. Chr.). So geht aus dem Bericht des Jahres 223/22 hervor, daß die Wände des Kernbaues - Hof und *Prodomos* - bis etwa zur halben Höhe errichtet waren und die Hauptleistung jenes Jahres im Verlegen der unüberschreitbaren, 1.45 m hohen Schwelle des Großen Portals bestand (**Abb. 4**). Dieser riesige Monolith von 660 Kubikfuß (ca 17m^3) warf beim Transport und Versetzen besonders schwierige Probleme auf und schlug mit den enorm hohen Kosten von fast 20.000 Drachmen zu Buche. Allein dieser Betrag machte mehr als die Hälfte des Jahresetats aus, der mit 37.861 3/4 Drachmen nur wenig niedriger lag als sonst bekannte Jahresausgaben von ca 40.000 Drachmen - eine Summe, die im übrigen etwa den Kosten für eine einzige der insgesamt geplanten 120 Säulen entsprach (39.000 Drachmen; zum Vergleich: den Sport- und Grammatiklehrern in einem milesischen Gymnasion war durch Stiftung um 205 v. Chr. ein monatliches Gehalt von 30 bzw. 40 Drachmen ausgesetzt). Vergegenwärtigt man sich diese Preis- und Kostenrelationen, so wird verständlich, daß allein aus finanziellen Gründen die Bautätigkeit ins Stocken

Abb. 4. Die Schwelle des Großen Portals, im Jahre 223/22 v. Chr. verlegt

geraten konnte. Ungefähr vier Jahrzehnte dauerte es, bis nach dem Verlegen der großen Schwelle das Große Portal im Zwölfsäulensaal vollendet war (**WEGWEISER 6 Abb. 3**): Um 180 v. Chr. wurden die ca 14 m hohen, 70 Tonnen schweren Türgewände (**Abb. 6**), der Türsturz und der darüberliegende "*Friesträger*" versetzt, in den folgenden Jahren die Portalfassung vollendet. Erst etwa ein Jahrzehnt später war der obere Abschluß der Hochwände des Kernbaues erreicht (**WEGWEISER 6 Abb. 4**). Dies ist dem spätesten, näher datierbaren Baubericht zu entnehmen, der aus der Zeit um 170 v. Chr. stammt (**Abb. 1**; in der folgenden Übersetzung eckige Klammern für Ergänzungen zerstörter Textpartien, runde Klammern für Erläuterungen):

"*[Amtierender Stephanephor: Lyses, Sohn des ---; Prophe]t: Thras[ys, Sohn des Arkesilaos]; Schatzmeister und Beisitzer im Heiligtum: Krithys, Sohn des Sotades, und Autophon, Sohn des Herodes; Architekt: Demetrios, Sohn des Gorgos. Die Bauarbeiten am Tempel des Apollon von Didyma überwachender Baukommissar: Chares, Sohn des Bion. Rechenschaftsbericht über die von den Sklaven des Gottes geleisteten Arbeiten:*

Arbeitsleistungen der dem (Polier) *Agathias Unterstellten: 88 Marmorquadern, davon 4 Quadern mit Anschlußfläche auf beiden* (Wand-)*Seiten, versetzt über dem Großen Portal, 4 Binderblöcke, 1 Trochilos und 6 Pilasterkapitelle: 3366 3/8 Kubikfuß* (cbf)*; auf plastische Bearbeitung entfallen 1577 1/2* (Quadrat-)*Fuß* (qf)*. Ferner versetzten sie 900* (cb)*f Kalksteinquadern, wovon sie selbst 300* (cb)*f gebrochen hatten. Außerdem versetzten sie für die (Schacht-) Ausmauerung des Brunnens 2700* (cb)*f.*

Arbeitsleistungen der dem (Polier) Apollas Unterstellten: 78 Marmorquadern, davon 6 Pilasterkapitelle, 9 Binderblöcke, 2 Blendbinder, 15 Quadern mit angearbeitetem Kymation (Eierstab) *und 39 gewöhnliche Quadern* (= Läufer)*: 2866 3/8 cbf. Auf plastische Bearbeitung entfallen [1]704* (q)*f. Außerdem versetzten wir 775 3/4* (cb)*f Kalksteinquadern.*"

Die auffallendste Leistung jenes Jahres bestand in der Fertigstellung einer größeren Anzahl von Kapitellen - mindestens sechs, möglicherweise sogar zwölf -, die die Wandpilaster der Hochwände des Hofes bekrönten (**Abb. 5**). Die Gründe für die offensichtlich lebhafter gewordene Bauaktivität dürften in der günstigen wirtschaftlichen Entwicklung zu suchen sein, die Milet nicht zuletzt dank einer geschickten Diplomatie erlebte.

Abb. 5. Kapitell eines Wandpilasters von den Hochwänden des Hofes

Obwohl unter der Kontrolle der Attalidendynastie von Pergamon, verstand es Milet, zugleich auch die Beziehungen zu seinen alten Förderern des Tempelbaues, den seleukidischen Königen aufrechtzuerhalten, die im 3. Jahrhundert v. Chr. ihre besondere Verbundenheit mit dem Orakel von Didyma gern betont hatten. Wie aus einer ungefähr gleichzeitigen Ehrung für einen milesischen Politiker, Eirenias, hervorgeht (Inschriftstein im Museum von Milet-Balat), erhielt Milet für alle seine in seleukidisches Gebiet importierten Warenprodukte Zollfreiheit gewährt. Um dieselbe Zeit stifteten zwei milesische Brüder, Timarchos und Herakleides, beide hohe Würdenträger in der seleukidischen Reichsverwaltung, ihrer Vaterstadt "*im Namen des Königs Antiochos*" IV. einen neuen Rathausbau. Es ist deshalb nicht auszuschließen, daß Antiochos selbst, der als wahrhaft königlicher Stifter bekannt ist, auch die Bauarbeiten in Didyma gefördert hat.

Danach verstummt allmählich die inschriftliche Überlieferung zu den Arbeiten am noch längst nicht vollendeten Riesenbau. Den spätesten, nur noch sehr fragmentarisch erhaltenen Bauberichten aus der Wende vom 2. zum 1. Jahrhundert v. Chr. ist lediglich zu entnehmen, daß es offenbar eines Orakelspruches vom Herrn des Heiligtums, Apollons selbst, bedurfte, um den sich hinschleppenden Bauarbeiten, namentlich dem nie vollendeten Werk der 108 Säulen der Ringhalle, einen neuen Impuls zu geben - ein deutliches Zeichen des politisch und wirtschaftlich bedingten Erlahmens der Kräfte in jener Zeit.

Abb. 6. Großes Portal, nördliches Türgewände

LITERATUR: *Th. Wiegand, Didyma II: Die Inschriften von A. Rehm (Berlin 1958). - W. Günther, Eine neue didymeische Bauinschrift in: Istanbuler Mitteilungen Band 19/20, 1969/70. - W. Günther, Das Orakel von Didyma in hellenistischer Zeit. Eine Interpretation der Steinurkunden. Istanbuler Mitteilungen 4. Beiheft (1971). - W. Voigtländer, Der Jüngste Apollontempel von Didyma. Geschichte seines Baudekors. Istanbuler Mitteilungen 14. Beiheft (1975). - A. Peschlow-Bindokat, Die Steinbrüche von Milet und Herakleia am Latmos in: Jahrbuch des Deutschen Archäologischen Instituts Band 96, 1981. - P. Debord, Aspects sociaux et économiques de la vie religieuse dans l'Anatolie Gréco-Romaine (Leiden 1982).* - Zur revidierten Chronologie der milesischen Stephanephoren des späten 3. und frühen 2. Jhs v. Chr. s. *M. Wörrle, Chiron Band 18, 1988 und R.M. Errington, Chiron Band 19, 1989.*

WOLFGANG GÜNTHER 1990[2]

Werkzeichnungen des Apollontempels III

DAS ANTIKE ZEICHENVERFAHREN

Abb. 1. Nördliche Adyton-Sockelwand. Vermessen der Werkzeichnungen

Die Werkzeichnungen des Jüngeren Apollontempels von Didyma bedecken fast alle geglätteten und vom Boden aus leicht erreichbaren Wände des Baus. Sie lagen offen, seit der Tempel vor rund 70 Jahren freigelegt wurde, und blieben dennoch bis vor kurzem verborgen (1979 entdeckt). Denn die spinnwebenfeinen, kaum einen halben Millimeter tief eingeritzten Linien dieser Zeichnungen sind seit langem so gut wie unsichtbar.

Man erkennt an den feingefugten Marmorwänden wohl die sorgfältige, mit gezahntem Meißel ausgeführte Glättung der Flächen, die an manchen Stellen noch geradezu werkstattfrisch erscheint; man erkennt feine gelbbraune Sinterschichten und schwärzlichen Flechtenbewuchs, die entlang Bahnen herablaufenden Wassers den einst leuchtend weißen oder ins Graue gehenden Marmor überzogen haben; man sieht Verwitterungsspuren und andere Schäden, welche die Steinoberflächen im Lauf der Zeit genommen haben, und hier und da vielleicht auch einzelne, zusammenhanglos erscheinende Ritzungen - mehr aber für gewöhnlich nicht.

Nur in scharfem Streiflicht von gespiegeltem oder direktem Sonnenlicht werden die Ritzlinien mit einiger Deutlichkeit sichtbar. Doch selbst dann lassen sie sich nur in kleinen Ausschnitten überblicken, und schon in geringer Entfernung verschwinden sie wieder: die Darstellungen als Ganzes bleiben in jedem Fall unsichtbar. Erst durch Vermessen und Übertragen auf Papier (**Abb. 1**) werden sie uns heute wieder zugänglich.

In der Antike müssen die Zeichnungen natürlich - als praktisch verwendbare Werkpläne - klar und scharf auf den Wänden zu sehen gewesen sein. Auf welche Weise dies erreicht wurde, läßt sich inzwischen rekonstruieren.

Bei genauester Untersuchung der Wandflächen haben sich nämlich im Bereich der Zeichnungen - oft unter Sinterschichten herablaufenden Wassers geschützt - zahlreiche Spuren von Rötel gefunden, einem stark färbenden mineralischen Pigment-Farbstoff von 'rötlich'-brauner Farbe. Die Wandflächen waren also im Bereich der Zeichnungen mit Rötel gefärbt! Wie wir aus Bauurkunden wissen, wurde Rötel an griechischen Präzisionsbauten für viele Werkvorgänge verwendet. Offensichtlich wurde er auch zum Sichtbarmachen der fein geritzten Planzeichnungen benutzt.

Die Ergebnisse ganzer Reihen von Zeichenversuchen zeigten sodann, daß die Flächen vor dem Anreißen mit einer Rötel-Lösung eingefärbt und in den so vorbereiteten Zeichengrund die Linien eingeritzt worden sein müssen. Die Ritzlinien erschienen dann weiß auf dunkelrotem Grund, in gestochener Schärfe (**Abb. 2**). (Das umgekehrte Vorgehen - Nachziehen von bereits eingeritzten Linien mit Rötel - läßt sich ausschließen.) Das Verfahren bot überdies den Vorteil, daß fehlerhaft gezogene

Abb. 2 a-b. Zeichenversuche auf gerötelter Marmorfläche. Ritzungen mit Zirkel und Lineal

Linien oder Zeichnungsteile auf einfachste Weise 'radiert' werden konnten: man mußte die Stellen nur erneut mit Rötel bestreichen, um von neuem beginnen zu können.

Da die frühesten Zeichnungen zur Mitte des 3. Jahrhunderts v.Chr., unmittelbar nach Errichtung der Adyton-Sockelwände, entstanden sind und die spätesten Zeichnungen aus der römischen Kaiserzeit, wohl aus dem 2. Jahrhundert n.Chr., stammen, wurden die Wände wenigstens vier Jahrhunderte als Zeichenflächen benutzt.

Abb. 3. Nördliche Adyton-Sockelwand. Detail der Ecke mit überschliffenem Lehrstreifen

Wie lange blieben die mit größter Sorgfalt erarbeiteten Zeichnungen lesbar und damit als Baudokumente verwendbar? Die Benutzung der Zeichnungen ist wesentlich vom Vorhandensein der Rötelfärbung und damit von deren Verwitterungsfestigkeit abhängig. Die Verwitterungsfestigkeit wiederum, so zeigten weitere Versuche, hängt entscheidend von der Art des Bindemittels ab, mit dem der Rötel aufgetragen wird. Die naturwissenschaftliche Untersuchung dieser zentralen Fragen hat Prof. Dr. Josef Riederer, Rathgen-Forschungslabor der Staatlichen Museen Preußischer Kulturbesitz Berlin, übernommen.

Soviel steht jedenfalls fest, daß ein Großteil der Wandflächen - vor allem die Sockelwände des Adytons - von ihrer Errichtung bis zum Abbruch der Bauarbeiten im 3./4. Jahrhundert n.Chr. - durch mehr oder minder kräftige Rotfärbung und ein Gewirr von eingeritzten Plänen als Zeichen- und Plantafeln der Bauleute unübersehbar waren. Die Marmorwände des Tempels boten daher einen für unsere Vorstellungen überraschend 'unklassischen' Eindruck.

Dieser Zustand war, obwohl dauernde Wirklichkeit, jedoch nicht der endgültig beabsichtigte. Alle Wandflächen sollten in einem letzten, nicht mehr ausgeführten Arbeitsgang noch überarbeitet werden, wie die endgültige Oberflächenbearbeitung an den Innenecken der Wände zeigt (**Abb. 3**). Die Flächen sind dort (um die Eckanschlüsse der Quader in gewünschter Perfektion herzustellen) in der Breite eines Lehrstreifens überschliffen und liegen um rund einen halben Millimeter tiefer. Um diesen Betrag, welcher der Tiefe der Ritzlinien entspricht, sollten die Wandflächen noch abgeschliffen, die Tafeln 'gelöscht' werden.

Dem Umstand, daß der Bau unfertig blieb und seine Wandflächen den 'letzten' Schliff nicht mehr erhalten haben, ist es zu verdanken, daß uns die Werkpläne des Apollontempels von Didyma erhalten blieben.

LITERATUR: *L.Haselberger* in: *Istanbuler Mitteilungen Band 33, 1983;* mit Farbabbildungen in: *W.Voigtländer, Didyma und Milet im Modell (Ausstellungskatalog Frankfurt 1986).*

LOTHAR HASELBERGER 1986

AUSGRABUNGEN DES DEUTSCHEN ARCHÄOLOGISCHEN INSTITUTS

DIE HEILIGE STRASSE II

Die Prozessionsstraße innerhalb des Heiligtums

Abb. 1. Heilige Straße vor Eintritt in den Apollonbezirk. 1989

Das gewaltige archaische Bauwerk der rund 24 km langen und ca 6 m breiten *'odos plateia'* ('Breite Straße') von Milet nach Didyma erreicht das Heiligtum im Nordwesten (hinter der Tankstelle, auf einem Ölbaumgrundstück). Reste von Grabbauten und Sarkophagen zeigen, daß der letzte Abschnitt vom Hafen Panormos bis Didyma von hellenistischer Zeit bis in die Spätantike eine dicht bebaute Gräberstraße war (**WEGWEISER 3 Abb. 2**).

Wie der Übergang ins Heiligtum von Didyma aussah und an welchem Punkt des Prozessionsweges er zu rekonstruieren ist, ist bisher nicht erforscht. Hinweise zu seiner Lokalisierung sind jedoch vorhanden: Ein - allerdings nicht in situ gefundener - Meilenstein ungefähr 360 m nordwestlich des Apollonheiligtums und Bruchstücke zweier Inschrifttafeln, die ungefähr an derselben Stelle zum Vorschein kamen. Die Inschriften auf diesen Steinen berichten von einer Erneuerung der *Heiligen Straße* durch Kaiser Trajan im Jahre 100/101 n.Chr. und korrespondieren mit einer entsprechenden Inschrift, die am Heiligen Tor in Milet angebracht war. Bei älteren Untersuchungen, 1906 und 1907, wurden in der Nähe des Meilensteines Gußmörtelmauern zu beiden Seiten der Straße freigelegt und wie beim Heiligen Tor in Milet als Überreste eines mit Marmororthostaten umkleideten Straßentores gedeutet; auch erwog man, *"daß hier lediglich zwei Kolossalstatuen an beiden Seiten des Weges aufgestellt waren"*.

Bereits im Jahre 1909 konnte der gepflasterte Damm der Straße in neun Suchschnitten zwischen dem Bereich des sog. Straßentores und dem Apollonheiligtum nachgewiesen werden, das als Zielpunkt des Prozessionsweges am Südrand des didymeischen Höhenrückens in einer Quellmulde liegt. Die neuen Ausgrabungen im Nordwesten von Didyma haben an diese älteren Untersuchungen zur Topographie des Heiligtums angeknüpft; seit 1975 wurde ein großer Abschnitt der Heiligen Straße und ihrer Randbebauung freigelegt (hier **Abb. 1** und **WEGWEISER 1 Abb. 4** im Plan D/E 4/5).

Unter den Mauern einer römischen Hallenanlage kamen westlich der Trasse dieser Straße die Baureste eines ältesten Hangweges zum Vorschein, der als Vorläufer der Heiligen Straße noch ins 7. Jahrhundert v. Chr. datiert werden muß. Ausgangspunkt und Ziel dieses Weges, dessen ebenfalls befestigter Damm mit leichtem Anstieg am Rand eines Felsrückens entlangführt, sich jedoch weiter nördlich nicht mehr feststellen läßt, sind bisher nicht bekannt. Die ältesten Bauten des auf dieser Felsbarre gelegenen Artemisheiligtums stammen ebenfalls aus dem 7. Jh.v.Chr. (**WEGWEISER 4**).

Als unterster Straßenhorizont befindet sich in mehreren Sondagen unter dem geflasterten Damm eine dichte Packung faustgroßer Kalksteinrundlinge, mit der die anstehende lehmige Erde befestigt wurde. Der zugehörige Keramikbefund reicht nicht über die Mitte des 6. Jahrhunderts v. Chr. zurück. Diese archaische 'Straße IV' (**WEGWEISER 3 Abb. 4 D**) stammt aus einer Zeit, in der für den Bau der marmornen Ringhalle des älteren Apollontempels große Mengen ortsfremden Baumaterials herangeschafft werden mußten. Zumindest für die Teilstrecke vom Hafen Panormos zum

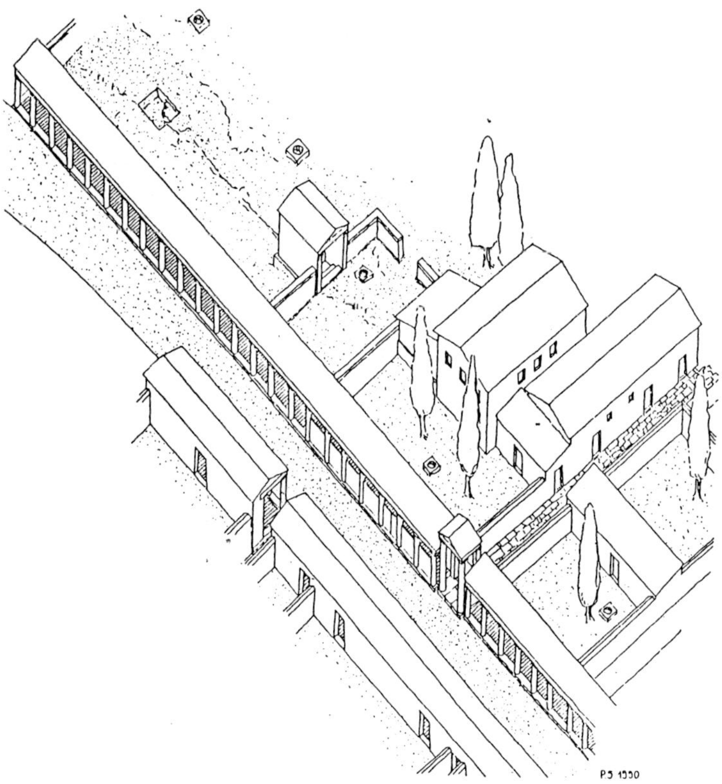

Abb. 2. Säulenhallen an der Heiligen Straße mit dem Artemisheiligtum (2./1. Jh. v.Chr.). Rekonstruktionsskizze

Heiligtum besteht daher nicht nur ein chronologischer Zusammenhang mit der Bautätigkeit im Apollonheiligtum: Der Bau dieser Straße war offenbar Voraussetzung für die Verwirklichung der Ringhallen aus Marmor.

Im ausgegrabenen Abschnitt begleiten Stützmauern den Damm der archaischen 'Straße IV' auf beiden Seiten (**WEGWEISER 4 Abb. 5**). In diese frühe Zeit muß ein auf der Ostseite in situ gefundener runder Kalksteinblock datiert werden, der als Grenzstein gedeutet wird (**WEGWEISER 3 Abb. 4**).

Im 3. Jh.v.Chr. fiel die östliche Stützmauer beim Neubau der 'Straße III' einer Verlegung ihres Dammes zum Opfer. Aus den wiederverwendeten Spiegelquadern wurde Stützmauer Ost 2 in der Flucht des runden Steinblocks gebaut, wobei dieser in situ blieb und die Mauerquader sorgfältig an seine Zylinderform angepaßt wurden. Anlaß für die Verschiebung der Straße nach Osten war der Bau von Entwässerungskanälen und Wasserleitungen auf beiden Seiten der Straße (**WEGWEISER 4 Abb. 7**).

Der Nordostteil der Felsbarre wurde noch vor 190 v.Chr. zu einem von der Straße aus erschlossenen Kulthof mit Quadermauern aus Kalkstein umgestaltet (**WEGWEISER 4 Abb. 7**: Temenos II). In derselben Bauphase entstand auf der gegenüberliegenden Straßenseite das Ostgebäude, dessen mindestens 17 m lange und rund 5.0 m tiefe Säulenhalle im untersuchten Abschnitt der früheste Bau ist, der sich mit einer Reihe von acht Säulen auf dreistufigem Stylobat klar auf die Straße bezieht. Seine Funktion wird wohl die einer überdachten Straßenhalle gewesen sein, in der vielleicht ein bestimmter Personenkreis, abgesondert von der großen Menge, die Ankunft der Prozessionen erwarten und den Kulthandlungen am Eingang zum Heiligtum auf der Felsbarre beiwohnen konnte.

Im 2./1. Jh. v.Chr. erweiterte eine an den Kulthof anschließende Bebauung den Bereich der Felsbarre beträchtlich nach Norden (**WEGWEISER 5 Abb. 3**). Ein schon bestehender Torweg, der ungefähr im rechten Winkel von der Heiligen Straße nach Westen abzweigt und dessen Zielpunkt bisher unbekannt ist, erschloß nun das Hanggebäude und das Nordgebäude, ein Gebäudekomplex, in dem der Gebrauch von geschöpftem Wasser aus Schachtbrunnen eine zentrale Rolle spielte. Zur Straße hin waren ummauerte Höfe vorgelagert, die offenbar ebenfalls dem sich ausdehnenden Kultbetrieb des Artemisheiligtums dienten.

Das Straßenbild, das sich in diesem Abschnitt durch die hart an den westlichen Straßenrand grenzenden Hofmauern schon erheblich verdichtet hatte, wurde etwa zu Beginn des 1. Jhs v.Chr. durch den Bau langgestreckter Säulenhallen zu beiden Seiten der 'Straße II' von Grund auf verändert (**Abb. 2** und **WEGWEISER 3 Abb. 4 B**). Auf der Ostseite nahm nun eine Folge durchgehender Straßenhallen die Flucht und Tiefe des älteren Ostgebäudes auf, und auf der Westseite wurden der bestehenden Bebauung Hallen mit nur geringer Tiefe vorgeblendet. Aus der Prozessionsstraße mit angrenzenden Hof- und Stützmauern und einzelstehenden Hallenbauten war eine Hallenstraße geworden, deren Säulenreihen die vielgestaltige Randbebauung zu einem durchgehenden Straßenzug zusammenfaßten.

Dieser frühen Hallenstraße haftet noch etwas Provisorisches an: Der Abstand ihrer Säulen, deren Standspuren sich auf den Stylobatflächen erhalten haben, ist unregelmäßig, und bei Höhenversprüngen kommt es zu Säulen-Doppelstellungen. Die Interkolumnien des Hallenabschnitts vor der Felsbarre scheinen zum Teil durch Holzgitter geschlossenen gewesen zu sein, worauf Rillen im Stylobat und Einlassungen für eine zweiflügelige Türe zwischen zwei Säulen hinweisen. Die ca 50 cm starken Säulen und zuweisbare dorische Kapitelle waren einfache Architekturglieder aus Kalkstein; die Architrave, von denen sich keine Reste fanden, bestanden vermutlich aus Holz, was auch den relativ weiten Säulenabstand von 2.5 m bis 3 m erklären würde. Die jüngsten Ausgrabungen zeigten, daß sich diese

Säulenhallen auch auf dem nach Südwesten anschließenden Straßenabschnitt nachweisen lassen (**Abb. 1**), bis zu einem Punkt, an dem sich der antike Prozessionsweg und die moderne Asphaltstraße kreuzen (**WEGWEISER 3 Abb. 2**): Hier endet offenbar die Heilige Straße, und die Baureste eines spätantiken Monumentes(?) - jenseits der Asphaltstraße, heute überbaut - bezeichnen den Eingang in den Bezirk des Apollon.

Die Entwicklung der Hallenstraßen, die als Prachtstraßen der römischen Kaiserzeit vor allem in den Städten der Ostprovinzen weite Verbreitung fanden, nahm ihren Ausgang offenbar in den neugegründeten Städten der Seleukiden und Ptolemäer in Syrien und Ägypten. Frühester epigraphischer Beleg ist eine Inschrift in Antiochia (heute Antakya), welche die Aufstellung einer Statue des Kaisers Tiberius (14 bis 37 n. Chr.) an der Säule einer Straße beurkundet und damit - als bisher älteste - eine Hallenstraße für das frühe 1. Jh. n.Chr. belegt. Die über hundert Jahre ältere Säulenstraße in Didyma muß im Zusammenhang mit den epigraphisch überlieferten Königsstiftungen für Milet und das Didymeion gesehen werden. Vermutlich handelt es sich dabei ebenso um ein monumentales 'Anathem' für das Heiligtum, wie dies für den in der Kaiserzeit folgenden Neubau der Prozessionsstraße durch Kaiser Trajan nachweisbar ist.

Im 1. Jh. n. Chr. erhielt der von der Heiligen Straße nach Westen abzweigende Torweg einen neuen repräsentativen Eingang in Gestalt eines Propylon, das die Gleichförmigkeit der Straßenhallen an dieser offenbar bedeutenden Stelle unterbrach (**Abb. 2**). Diesen kleinen Torbau, vermutlich Haupteingang zum römischen Artemision, hebt das kostbare Material Marmor aus den übrigen, aus Kalkbruchstein errichteten Bauten hervor.

Um 100 n. Chr. wurde die gesamte Prozessionsstraße von Milet nach Didyma durch die schon erwähnte, epigraphisch mehrfach überlieferte Stiftung Trajans erneuert. Innerhalb des Heiligtums erhielt nun 'Straße I' erstmals ein solides Plattenpflaster aus Kalkstein mit profiliertem Randstein auf beiden Straßenseiten (**WEGWEISER 3 Abb. 3**). Im untersuchten Abschnitt wurde das Gefälle der Straße ohne Rücksicht auf die Anschlußhöhen der älteren Randbebauung reguliert, im Norden durch Aufhöhung, im Süden durch Einsenken des neuen Straßendammes (**Abb. 1**).

Im 2. Jahrhundert n. Chr. erfuhr auch das Artemisheiligtum eine eingreifende Umgestaltung: Der Gebäudekomplex Hanggebäude und der Kulthof des Temenos II wurden abgeräumt; auf ihrer Planierung entstand eine großzügige L-förmige Hallenanlage, die den Bezirk der Felsbarre entlang der Prozessionsstraße und am Torweg mit repräsentativen Säulenfassaden einfaßte (**Abb. 3**) Die symmetrische Gliederung des rund 60 m langen Hallenabschnitts an der Heiligen Straße, mit einem Mittelrisalit und einer breiteren Kammer in Hallenmitte, unterscheidet diese als Einfriedung des Ar-

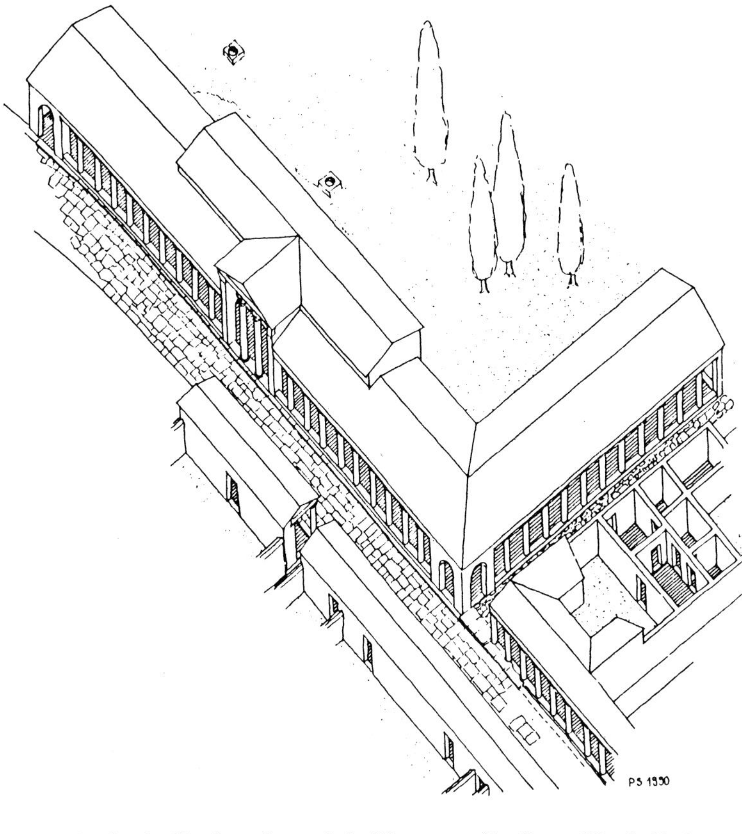

Abb. 3. Periboloshalle des Artemisheiligtums (2. Jh. n.Chr.). Rekonstruktionsskizze

temisheiligtums dienende 'Periboloshalle' ebenso von den zahlreichen kaiserzeitlichen Vergleichsbeispielen städtischer Straßenhallen wie die Tatsache, daß im südlichen Abschnitt der ansteigende Fels als Kammerboden stehen blieb und alle Räume jeweils vier Wandöffnungen aufweisen (**WEGWEISER 5 Abb. 4**).

Im 4. Jh. n.Chr. zerstörten Erdbeben diese römische Periboloshalle und die älteren hellenistischen Hallen am Ostrand der Heiligen Straße. In ihren Ruinen nistete sich eine kleinteilige Bebauung ein, die auf der Ostseite den ehemaligen Hallenstylobat überbaute, auf der Westseite jedoch Teile der Periboloshalle weiterbenutzte (**WEGWEISER 8 Abb. 3**).

Im 5./6. Jh. n. Chr., als im Kulthof des Apollonheiligtums eine Kirche als dreischiffige Emporenbasilika eingebaut wurde, ist die zerstörte Hallenanlage in Form einer Arkadenhalle wiederaufgebaut worden (**Abb. 4**); dies ergibt sich aus dem Einbau zusätzlicher Stützpfeiler und aus der Versturzmasse der Ziegelbögen über dem Pflaster der Straße. Die meisten der inneren Wandöffnungen ihrer Kammern wurden zugemauert, und der Depotfund gelagerter Gefäße weist nun auf profane Nutzung. Auf den wiederverwendeten Stylobatblöcken der zerstörten Halle wurden flache, in Bosse belassene Basen aus Marmor verlegt; mehrere Exemplare ebenfalls nur roh bearbeiteter, sog. Faltkapitelle können den Säulenstellungen dieser Arkadenhalle zugewiesen werden (**WEGWEISER 8 Abb. 6**). Ob im Zusammenhang mit dieser Restaurierung der Hallenanlage auch eine Weiterbenutzung der Straße als Prozessionsweg zur Kirche im Apollonheiligtum zu sehen ist, muß vorerst offen bleiben.

Diese letzte monumentale Randbebauung der Straße zerstörte ein Erdbeben im 7. Jh. n.Chr., und in der Folgezeit verengten über ihren Trümmern Mauern byzantinischer Gehöfte die ehemalige *'odos plateia'*, deren 1400jährige Geschichte in einem einfachen, zwischen Gräbern hindurch zum mittelalterlichen Tempelkastell führenden Weg endete (**WEGWEISER 8 Abb. 4**).

Abb. 4. Heilige Straße (5./6. Jh. n.Chr.).
Frühbyzantinische Arkadenhalle. Rekonstruktionsversuch

LITERATUR: *Th. Wiegand, Didyma I: Die Baubeschreibung in drei Bänden von H. Knackfuß (1941) 156ff. - K. Tuchelt - P. Schneider - U. Wintermeyer - H. R. Baldus u.a., Didyma. Bericht über die Arbeiten 1975-79 und 1980-83 in: Istanbuler Mitteilungen Band 30, 1980 und 34, 1984. - P. Schneider, Zur Topographie der Heiligen Straße von Milet nach Didyma in: Archäologischer Anzeiger 1987, 101ff.*

PETER SCHNEIDER 1990